민주주의
역사 공부 1

4·19혁명

민주주의
역사 공부 1

한홍구 지음

4·19혁명

창비

"너, 4월혁명 알아?"

2020년은 경술국치 110년이자, 4·19혁명(4월혁명) 60주년이 되는 해이다. 이 60년 세월 동안 한국 민주주의는 끊임없이 분투해왔다. 참으로 많은 일들이 벌어졌던 지난 100여년의 역사에서 4월혁명은 어떤 의미를 지녔을까? 110년 전 우리나라는 국권을 잃고 식민지로 전락했지만 지금은 경제력이나 군사력을 기준으로 한다면 남한만으로도 세계 10위권의 무시 못할 부강한 나라로 변모했다. 그 세월 동안 우리의 역사는 제국주의 지배와 분단과 전쟁, 학살과 군사독재로 얼룩졌지만, 한국은 그런 제약을 뚫고 민주화와 산업화를 동시에 달성했다. 이것은 세계사적으로 볼 때도 대단히 중요한 경험이다. 현재 세계 10위권으로 꼽히는 나라 중 식민지에서부터 출발한 국가는 한국밖에 없다. 최근 코로나19 사태를 겪으면서는 세계에서 가장 모범적으로 방역에 성공한 나라로 주목받기도 했다. 세계의 언론들은 한국이 방역에도 성공하고 별다른 사회혼란도 겪지 않은 이유를 치열했던 민주주의 역사에서 찾았다.

　이처럼 민주화와 산업화를 동시에 달성하는 과정에서 우리는 많은 것을 이뤘지만, 한편 놓친 것도 많았다. 우리는 빠르게 앞으로 나아갔지만, 한발 한발 차분하게 당시 주어졌던 과제를 해결하고 다음 단계로 넘어갔던 것은 아니었다. 4월혁명 역시 '미완의 혁명'이라 불린다.

시민혁명을 경험하지 못한 상태에서 일본의 식민지로 전락한 한국은 해방 이후에야 비로소 민주주의를 실험해볼 수 있었다. 미국은 인민위원회 등 새로운 질서를 향한 아래로부터의 욕구를 철저히 분쇄해가며 38도선 이남에 대한 자신의 통제력을 강화했지만, 한편으로 미군정기와 이승만 정권 시기 동안 한국에서 민주주의라는 제도와 이념이 도입되고 교육되고 실시되는 데 대단히 중요한 역할을 했다. 4월혁명은 이렇듯 미국에 의해 도입된 '몸에 맞지 않는 옷'이었던 민주주의를 우리의 몸에 맞게 바꾸는 중요한 계기가 된 사건이다. 4월혁명으로 젊은이들이 큰 희생을 치르는 것을 목격한 민중은 민주주의를 외부에서 거저 주어진 선물이 아니라 피의 댓가를 지불하고서라도 쟁취해야 하는 것으로 인식하기 시작했다. 4월혁명을 통해 민주주의를 자각하고 불의한 독재정권을 무너뜨린 경험은 이후 민주화운동에 중요한 추동력이 됐다.

우리 민주주의 역사에는 '미완'이라는 말이 붙는 경우가 많다. 예를 들어 3·1운동만 해도 긴 흐름 속에서 보면 성공한 운동이지만 단기적으로는 좌절했다고 할 수 있다. 4·19혁명은 우리 역사에서 보기 드물게 당시에 바로 승리를 거뒀지만 그것을 지켜나가지 못했고, 그 과정에서 제기되었던 과제가 아직도 제대로 해결되지 못하고 있다. 1987년 6월항쟁도 마찬가지다. 2016~17년 촛불항쟁은 어떻게 기억될까? 역사에 '촛불혁명'으로 기록될 수 있을까? 우리가 앞으로 제대로 성과를 내야만 가능한 일일 것이다. 2020년 총선 결과는 미완의 촛불항쟁을 혁명으로 완수하라는 격려가 아닌가 싶다.

나는 4·19혁명 한해 전인 1959년생이라 4·19 자체에 대한 기억은 없지만 어린 시절, 그리고 성인이 될 무렵까지도 내게 중요한 민주화운동은 4·19밖에 없었다. 그래서 내게 4·19는 박정희 유신독재의 어두운 터널 속에서 우리가 이루지 못했으나 어떻게든 이루어내야 할 희망의 원천이었고, 어쩌면 부채감이나 향수 같은 감정을 느끼게 하는 사건이었다고 할 수 있다.

그런데 사실 나는 4·19를 미국에서 배웠다. 그것도 지도교수였던 제임스 팔레(James Palais) 교수나 한국현대사로 가장 유명한 브루스 커밍스(Bruce Cumings) 같은 학자가 아니라 한 노동자로부터 배웠다. 당시 한국에는 '피코 아줌마'라고 불리는 사람들이 있었다. 1990년경 부천에 있던 미국계 전자부품 생산업체 '한국피코'의 노동자들인데, 그 회사의 미국인 사장이 직원들 임금을 체불하고 미국으로 도망갔다. 이 일을 해결하기 위해 한국피코 노동조합의 여성 노동자들이 미국인 사장과 미국 본사를 상대로 원정투쟁에 나섰다. 이 일을 취재한 당시 MBC「PD수첩」이 '피코 아줌마 열 받았다'라는 제목으로 방영했는데, 이것이 「PD수첩」 첫회다(1990.5.8).

'피코 아줌마'들이 원정 왔을 때는 내가 막 미국 유학을 시작할 무렵이었는데, 미국의 노동 활동가들과 한국 유학생들이 피코 노동자들을 지원하게 됐다. 내가 있었던 시애틀에도 조합원들이 방문했는데 어떻게 도울까 하다가 노동자들과 함께 쇼핑몰 등 사람이 많은 곳에서 전단을 나눠주기로 했다.

1980년대 한국에서는 유인물을 돌리다 잡히면 최소한 유치장에 일주일 정도 갇히는 것은 각오해야 했다. 발각되지 않도록 몰래 돌리곤 했는데 스릴 만점이었다. 그러다 1987년 6월항쟁 이후에는 대놓고 직접 나눠주기 시작했는데 정말 불티나게 나갔다. 선거 유세장에서 500장 정도를 뿌리면 너도나도 받아가기 때문에 2~3분 만에 다 없어졌다. 한국에서는 그렇게 호응이 좋았는데, 미국에서는 고작 300장을 들고 갔는데도 받아가는 사람이 거의 없어서 무척 애를 먹었다. 게다가 서너명 중에 한명은 위아래로 쓱 훑어보기도 했다. 경계 어린 눈빛이 한번 내 몸을 훑고 지나가면 정말 기분이 나쁘고 기운이 쑥 빠졌다.

나와 파트너가 된 사람은 백인 노동자였는데, 그는 당시 서른살인 나보다 꼭 스무살 위인 쉰살의 노동자였다. 그런데 내가 이렇게 헤매는 와중에 그는 유인물을 너무 씩씩하게 잘 돌리고는 내 것까지 다 가져가서 돌려줬다. 일 마치고 고마우니 내가 맥주 한잔 사겠다고 해 둘이 술집에 갔다. 술자리에서 푸념을 했다. 한국에서 유인물 돌릴 때는 앞다투어 받아갔는데, 여기서는 사람들이 이상하게 경멸스러운 눈빛으로 훑고 가서 다리가 후

들거려 못 돌리겠다, 당신은 어떻게 그리 잘 돌리느냐고 물었다. 그랬더니 씩 웃으면서 "너 April Student Revolution(4월혁명) 알아?" 하고 묻는 것이었다. 깜짝 놀라 알다마다, 그런데 그게 이것과 무슨 상관이냐고 했더니, 자기는 4월혁명의 힘으로 전단을 돌린다는 것 아닌가. 내가 멍한 표정으로 있으니까 자기 얘기를 해줬다.

그는 아주 가난한 집에서 태어났다고 했다. 『분노의 포도』 같은 소설에 나오는 미국 빈민 가정에서 자란 것 같았다. 미국에서 살면서 자기보다 가난한 사람을 보질 못했다고 했다. 그는 가난이 싫어서 벗어나려고 군대에 갔다. 그런데 1959년 가을, 훈련을 받고 배치된 곳이 하필이면 한국이었다는 것이다. 그는 내가 1959년생이라고 하니까, "너 그때 한국이 어땠는지 모르지? 내가 하필 영등포에 떨어졌는데, 미국에서 제일 가난하게 살았지만 그런 지옥은 처음 봤어"라고 했다. 폭격 맞은 채 전쟁의 폐허는 그대로 남아 있고, 매캐한 냄새와 무언가 썩는 냄새가 진동하며, 시궁창, 거지, 상이군인이 거리에 가득했다. 그는 가난이 싫어서 왔는데 이런 형편없는 지옥에 떨어지다니, 빨리 의무 복무 기간을 마치고 유럽이나 미국 같은 좋은 데로 가기만 바라고 있었다고 한다. 시간이 안 가서 죽을 지경인데 1960년 어느 날, 자기보다도 어린 열넷, 열다섯 중학생들이 총알이 빗발치는데도 굴하지 않고 민주주의와 자유를 외치는 것을 보고 놀랐는데, 심지어 그 뒤로 실제 세상이 바뀌었다는 것이다. 그는 그걸 보고 너무 충격을 받았다고 말했다. 자기는 정해진 질서 속에서 살아가야 하는 줄만 알았는데, 그렇지 않다는 사실을 깨달았다는 것이다. 그때부터 세상을 바라보는 관점이 확 달라졌다고 했다.

그후로 그 사람은 자기 처지를 돌아보면서 사회주의를 공부하고 노동운동도 참여하게 됐으며, 그 기운으로 지금까지 살고 있다고 했다. 살아가다가, 노동운동 하다가 힘들 때면 스무살 때 봤던 그 광경을 생각한다고. 4월혁명이 자기 인생의 버팀목이라고. 그 말을 듣는 나는 큰 충격을 받았다. 한국현대사 공부로는 우리나라에서 거의 첫 세대라서 나름 치열하게 공부한다고 생각했지만 4월혁명의 진짜 의미를 그때까지 몰랐던 것이다. 아하, 4월혁명이 이런 거였구나 하고 아주 실감했다. 그 사람이 꿈꾸듯이 얘기하던 말이 잊히지 않는다. "전쟁이 끝나고 채 7년이 지나지 않았어. 그런데 7년이 지나지 않아서 혁명이 일어났어." 이게 4월혁명이다.

한국전쟁이 1953년에 끝났다는 것은 누구나 알고, 4·19가 1960년에 일어났다는 것도 대부분 알고 있다. 우리는 이 두가지를 서로 무관한 별도의 일로 생각하기도 한다. 그러나 2차대전 이후에 독립한 나라가 여럿 있는데, 그중에서 가장 먼저 시민혁명이 일어난 나라가 한국이고, 그것이 바로 4·19혁명이다.

한국 민간인 학살 사적지 중 경산 코발트광산이 있다. 4,000명 넘는 희생자들이 학살당한 곳인데, 자료를 찾다 보니 그

곳에 매장된 해골 중 하나에서 싹이 돋고 있었다. 바로 그 싹이 자라 4월혁명이 되고 천만 촛불이 된 것이다. 밟아도 밟아도 다시 일어나는 우리 민중의 복원력이 반민주, 반민족 세력의 입장에서 볼 때는 참 징글징글하기도 할 것이다.

4·19는 미완의 혁명이라 불린다. 그리고 혁명 당시의 피 끓는 젊은이들은 어느덧 오늘날 팔십 줄에 접어들었다. 나이만 든 것이 아니다. 지금 4·19세대는 아마도 촛불보다는 태극기부대 편에 훨씬 더 많이 서 있을 것이다. 60년이 지난 지금 4·19를 계승한다는 것, 미완의 4·19를 완성한다는 것은 어떤 의미일까?

2020년 6월

한홍구

차례

4·19혁명의 열기와 승리

'미완의 혁명'을
완성하는 일

일러두기

1. 이 책은 맥락에 따라 4·19혁명을 '4월혁명'으로 표기하기도 했다.
2. 본문에 사용한 사진은 다음 기관에서 제공받았다.

    경향신문사: 66면

    부산일보사: 49면

    조선일보사: 58면

    3·15의거기념사업회: 56, 60, 64, 67, 73면

폐허에서 시작된
민주주의의 기적

1

홍커우공원에서 살아남은 친일의 망령

식민지와 분단 과정을 거친 직후의 상황은 결코 녹록지 않았습니다. 단적인 사례를 들어보겠습니다. 1945년 9월 3일 일본은 요코하마에 정박해 있던 미국의 군함 미주리호에서 공식적으로 항복문서에 서명합니다. 이때 일본 대표로 서명을 한 사람이 외무대신 시게미쓰 마모루(重光葵)였습니다. 그런데 현장 사진들을 보면 그가 지팡이를 짚고 있어요. 멋으로 지팡이를 든 것이 아니라 실제로 다리를 심하게 절었죠. 시게미쓰는 중국 상하이 홍커우공원에서 윤봉길 의사가 던진 폭탄에 의해 오른쪽 다리를 잃었습니다. 영화 「암살」(2015)에서 보면 영감(오달수 분)이 "우리 잊으면 안 돼" 하며 사라진 뒤 장면이 바뀌어 임시정부 청년들이 모여 앉아 일본이 항복하는 이 장면을 봅니다. 정지화면이 돌아가면서 시게미쓰가 다리를 절며 걸어나오죠. 백범 선생이나 우리 독립운동가들이 직접 일제의 항복을 받아낸 것은 아니지만, 일본제국주의가 항복하러 가는 마지막 한걸음 한걸음에 윤봉길 의사가 있었던 것입니다.

홍커우공원에서 윤봉길 의사가 폭탄을 던졌을 때 단상에는 대여섯명이 있었습니다. 그중 둘은 죽고, 시게미쓰는 오른쪽 다리가 절단되었고, 한 사람은 크게 다쳤습니다. 일제는 윤봉길

1945년 9월 3일 요코하마에 정박해 있던 미국 군함 미주리호에서 항복문서에 서명하기 위해
승선한 일본 대표진. 가운데 목발을 짚은 인물이 시게미쓰 마모루다.

을 그냥 사형시키지 않았습니다. 총살된 윤봉길의 몸이 마치 일장기를 그린 것처럼 보이게 만들었고, 폭탄에 의해 사망한 시라카와 요시노리(白川義則)라는 일본군 사령관의 사망시간에 딱맞춰서 총살을 집행했습니다. 보란 듯이 퍼포먼스를 한 거죠.

그런데 지금 윤봉길 의사가 살아 돌아온다면 상당히 당혹스러워할 것 같아요. 윤봉길 의사가 목숨 바쳐 제거하려 한 일본 제국주의의 거물들이 대한민국에 버젓이 살아 있으니까요. 시라카와 요시노리는 당시 일본 최고의 전쟁영웅이었습니다. 이 사람이 죽고 나서 한 조선 청년이 '시라카와 장군의 뜻을 내가 이루겠다'며 시라카와라는 이름을 그대로 따다 창씨명으로 썼죠. 그 사람은 지금 무얼 하고 있을까요? 살아 있습니다. 누굴까요? 백선엽이라고 들어보셨나요? 한국전쟁의 영웅으로 불리며 보수진영에서 최고의 원로 장성으로 대접받는 인물로, 올해 100세쯤 되었을 겁니다. 국방부에서 한미동맹 강화에 기여한 사람에게 주는 상 이름이 '백선엽 한미동맹상'입니다.

시게미쓰 마모루는 윤봉길의 의거 당시 주중 일본공사였고, 나중에 일본의 외무대신이 됐습니다. 이 시게미쓰란 이름을 가진 조선 사람을 아시나요? 바로 얼마 전 세상을 떠난 롯데그룹 창업자 신격호입니다. 무일푼의 재일동포 청년이 일본에서 대성공을 거둬 재벌이 될 수 있었던 것은 바로 시게미쓰 마모루의 도움이 있었기 때문이라는 설명이 유력합니다. 시게미쓰가 신격호의 처삼촌이라고 하더라고요. 롯데 측은 최근 경영권 분쟁과 함께 롯데가 한국 기업이냐 일본 기업이냐 논란이 불거지면서 시게미쓰 마모루와의 관련설을 부인하기 시작했습니다. 그러나 이 이야기는 신격호의 성공 비결과 관련해 한국과 일본에서 오랫동안 널리 퍼진 이야기이고, 롯데의 부인에도 의혹은 여전히 계속되고 있습니다.

재벌가 회장의 성씨 하나가 왜 이렇게 화제가 될까요? 만일 이게 사실이라면 당시 공원 단상 위에 있던 인물들을 추종하던 인사 중 한명은 군사분야 수구 진영의 최고 원로로 손꼽히고, 또다른 한명은 5대 재벌 중 하나로 승승장구한 것이 되기 때문입니다. 해방 이후 우리 현실이 이렇다면 윤봉길 의사는 어떤 생각을 할까요?

이런 말도 안 되는 상황이 벌어진 것은 바로 분단 때문입니다. 약 70년 전 한반도의 허리를 갈라놓은 38선은 한국전쟁을 거쳐 휴전선으로 바뀌었지만, 어느 사이 우리 마음속에 분단선을 그어놓았습니다. 저는 이 분단선이 우리를 매번 광장으로 불러내는 가장 중요한 이유라고 생각해요. 이 선이 없어질 때까지 촛불을 들고 길바닥에 나와야 할지도 모르겠습니다.

분단이 우리 민주주의 문제와 어떻게 연결되는지, 우리 삶에서 어떤 의미를 갖는지 생각해보신 적 있나요? 당장 남성들은 군대를 가야 하죠. 그리고 전쟁 위협이 매스컴에서 흘러나오고 사회 곳곳에 경직된 군대문화가 스며 있습니다. 분단이 우리의 일상에 얼마나 영향을 미치는지를 진지하게 생각해볼 필요가 있습니다.

38선은 정말 땅바닥에 쓱 그은 선에 불과합니다. 아프리카 지도를 보면 국경선이 좀 낯설어 보이지 않나요? 꼭 자 대고 그은 것처럼 직선으로 이루어져 있습니다. 제국주의 세력이 당사자들의 의사를 무시하고 야합한 흔적이 선명하게 남아 있는 것입니다. 그런 선이 해방 직후 우리한테도 그어진 거예요.

38선 관련해서 뒷얘기들이 많이 있죠. 그 선을 그은 사람들이 한반도를 분할시키고는 싶은데 지리를 잘 모르니까 지도를 찾다가 마침 구한 지도가 문제였다는 거죠. 각 도 행정구역별로 표시가 되어 있는 지도를 봤으면 경기도나 강원도 경계가 그렇게 애매하게 잘렸을까요? 그런데 평야는 초록색이고 산은 고동색으로만 표시된 지형도를 찾았나봅니다. 그걸 보면서 뭘 기준으로 나눌지 고민하다가 마침 거기에 38도선이 있더라, 해서 그었다는 이야기가 전해집니다.

해방 후 형무소에서 갓 풀려난 독립투사들은 진짜 해방을 맞았습니다. 그야말로 심훈이 노래했던 '그날이 오면' 아닙니까? 감옥 문이 열리고 독립투사들이 길바닥에 쏟아져 나와서 만세를 부르는 바로 그 장면이 만들어졌습니다. 그런데 그때 풀려난 투사들은 어떻게 됐죠? 해방된 대한민국에서 국회의원이나 장관을 지냈다는 사람이 있나요? 그랬다면 우리가 알 만한데, 별로 없죠. 의아하지 않나요?

해방과 분단, 전쟁을 거치며 정말 많은 사람들이 죽었습니다. 그런데 이 과정에서 정작 처단되었어야 할 친일파들은 이 위기를 요리조리 피해가 어떻게든 살아남았습니다.

일이 꼬인 것은 반민족행위특별조사위원회, 즉 반민특위 (1948~49)에서였습니다. 반민특위는 일제강점기 때 자행된 친일파의 반민족행위를 처벌하기 위해 제헌국회에 설치되었던 특별기구로, 실제 많은 친일파들이 연행됐습니다. 그런데 불과 몇달 만에 친일파들의 기세가 살아났죠. 이승만의 지시로 경찰이 반민특위를 습격하고, 이후 반민특위 폐지법안이 통과되었기 때문입니다. 친일파 청산에 실패한 거예요. 5년 전 '세월호참사 특별조사위원회'를 만들 때 어떤 권한을 주느냐는 문제로 갈등이 심했죠? 결국 세월호 특조위는 수사권, 기소권, 재판권 중 아무것도 갖지 못했습니다. 당시 집권당이었던 새누리당은 이런 권한을 달라는 요청에 전례가 없다며 반대했습니다. 그런데 사실 전례가 있어요. 바로 반민특위입니다. 반민특위에는 수사권이 있는 특별경찰대가 속해 있었습니다. 기소권을 가진 특별검찰부도 있었어요. 그뿐 아니라 특별재판부가 있어서 재판까지 직접할 수 있었습니다. 물론 그런 권한을 갖고 있어도 실패했습니다. 친일파들이 똘똘 뭉쳤기 때문이죠. 그야말로 '뭉치면 살고 흩어지면 죽는다'는 구호를 실천하려는 양 서로 힘을 합쳤습니다.

영화 「암살」에서 배우 하정우가 연기한 '하와이 피스톨'이라는 역할이 있죠? 살인청부업자입니다. 왜 갑자기 청부업자가 역사 영화에 나왔을까요? 감독의 상상력으로만 탄생한 배역일까요? 살인청부업자가 등장한 아주 중요한 사건이 우리 역사에 실제로 있습니다. 역시 반민특위 때죠. 당시 노덕술 같은 친일파들이 백민태라는 살인청부업자를 고용해서 특위 요원들을 암살하려고 했습니다. 실제 있었던 이야기입니다. 이 살인청부업자는 당시로 보면 극우파였는데, 중국 국민당 산하 비밀조직에서 훈련받았고 임시정부 인사들과도 알고 지냈습니다. 그런데 친일파가 '빨갱이'라며 암살해달라고 하는 사람들 명단을 보자 이상하다고 느낀 겁니다. 자신이 알기론 빨갱이가 아니라 오히려 보수적인 애국자에 가까운 임시정부 사람들도 있었거든요. 결국 살인을 청부한 쪽이 나쁜 놈들인 걸 알게 되고, 살인청부업자로서의 '직업윤리'를 어겨가며 친일파들의 요인 암살 음모를 고발했습니다. 그로서는 정의로운 행동을 한 것인데 불행하게도 친일파들이 이 사람을 도리어 뇌물죄와 횡령죄로 잡아넣었습니다. 살인청부업자가 무슨 뇌물을 받고 횡령을 합니까. 그게 '애국적' 살인청부업자 백민태의 마지막 기록입니다. 아마 친일세력이 전쟁통에 죽였을 겁니다.

그런 일이 있었음에도 반민특위는 이승만에 의해 와해되고 노덕술도 풀려났습니다. 그리고 친일세력의 반격이 본격적으로 시작됐습니다. 우리는 친일파 청산에 그냥 실패한 게 아니고, 친일파를 청산해야 한다고 주장하던 민족적 양심을 가진 세력이 친일파에게 역청산을 당했어요. 백범 김구까지 다 잡아 죽인 거죠.

4·19혁명은 백범이 살해당하고 11년 뒤에 일어났습니다. 그리고 60년이 흘렀죠. 자, 그럼 백범은 제대로 복권이 됐습니까? 지금 한국은행에서 발행하는 우리 지폐가 5만원권까지 있죠? 2009년에 5만원권이 처음 발행됐는데, 원래 10만원권이 나올 예정이었고 거기 들어갈 인물 후보는 백범이었습니다. 그런데 일각에서 백범 혼자 독립운동 했느냐는 비판이 있었어요. 그래서 임시정부 요원들을 지폐 배경에 넣는 작업도 했습니다. 1970년대에 만원권을 만들어보니 5천원권도 금방 필요해지던데 이참에 5만원권도 찍자고 결정되었습니다. 5만원권에 들어갈 인물로는 여성을 찾아보자고 해서 유관순 열사로 의견을 모았어요. 그런데 또 일각에서 문제제기를 했습니다. 10만원권에 독립운동가 백범 선생이 정해져 있으니, 5만원권은 다른 영역에서 찾아보자고 한 것입니다. 그래서 신사임당으로 결정되었습니다. 신사임당이 21세기 화폐에 등장하는 것이 적절하냐는 논란이 있었고, 그 아들인 율곡 이이가 이미 5천원권에 등장하니 한집안에서 두명이 화폐에 등장하게 된다는 지적도 있었죠. 하지만 뒤에 놀라운 일이 벌어졌습니다. 그사이에 정권이 바뀐 것이죠. 디자인도 준비했고 찍기만 하면 되는데, 5만원권 논의하다가 보수정권이 들어서더니 결국 10만원권 발행은 취소되고 5만원권만 찍었습니다. 백범을 화폐 인물로 모시고 싶지 않은 사람들이 아직도 많은 겁니다.

백범 암살의 주범은 포병 장교 안두희였고, 안두희가

1992년에 자기의 배후라고 털어놓은 자가 이승만 시절 특무대장으로 악명 높았던 김창룡이었습니다. 한국전쟁 전후 민간인학살에서 아주 중요한 역할을 한 자이기도 하지요. 사실 김창룡말고 다른 배후인물들도 있었겠지만, 안두희가 이미 죽고 없는 김창룡만을 털어놓은 것이지요. 백범 암살 직후에 안두희가 김창룡을 만났는데 그때 김창룡이 한 얘기를 나중에 『동아일보』가 기사 중간 제목으로 뽑았죠. "안의사 수고했소." '안의사'라니요? 안두희를 '안의사'라고 부르는 것이 맞습니까? 안중근과 안두희 중 누가 '안의사'입니까? 하지만 우리 사회에 여전히 안두희를 '의사(義士)'라고 부르는 사람들이 많이 있습니다. 몇년 전세월호 사건 직후 서북청년단이 부활했죠. 안두희가 바로 서북청년단 소속이었습니다. 서북청년단 재건위원장이라는 자가 김구 처단은 의거라고 말하기도 했죠.

'의사'의 가족들은 어떻게 지냈을까요? 1980년대에 '안두희 의사'의 사촌동생은 1980년대에 연세대학교 총장을 8년 동안 지냈습니다. 백범의 어머니 곽낙원 여사가 국립현충원 애국지사 묘역에 안장되어 있는데, 김창룡의 묘가 거기서 얼마 떨어지지 않은 곳에 있죠. 국립현충원은 백범을 낳아주고 길러주신 분과 죽인 사람을 동시에 모시고 있는 셈입니다. 이걸 어떻게 설명하면 좋을까요?

'4·19세대'의 성장

일본 제국주의의 식민지 통치는 어마어마하게 강력했습니다. 비교해보자면 영국이 인도를 지배할 때 영국인 6천명 정도가 인도로 건너갔고, 프랑스가 베트남을 지배할 때 프랑스인 2만 8천명 정도가 베트남에서 거주했다고 합니다. 영국인들은 베트남에 프랑스인이 너무 많아서 독립운동을 못할 것 같다고 했습니다. 그런데 한반도 상황은 어땠습니까? 우리는 바로 이웃나라한테 식민 지배를 당했잖아요. 일본과 조선은 기후도 비슷하고 거리도 가깝습니다. 그렇다보니 일본인 60만명이 한반도에 왔어요. 독립운동 하기가 어렵기도 했지만 무엇보다 외부에서 인구 60만명이 밀고 들어오니까 원래 한반도에 살고 있던 사람들이 쫓겨나게 되죠. 엄청난 이민이 발생했습니다.

대규모 해외 이주 중 우리가 19세기 말에서 일제강점기에 걸쳐 이주한 사례가 전 세계에서 두번째로 높은 인구 대비 이주 비율을 기록하고 있습니다. 제일 높은 곳은 아일랜드입니다. 1840~50년대 아일랜드 대기근 때 인구의 25% 정도가 빠져나갔다고 하지요. 우리는 13~14%가 빠져나갔습니다. 전 세계에 퍼져나간 화교가 많아 비율이 커 보이지만 중국 인구 규모가 워낙 크다보니 인구 대비 이주자 비율은 2%가 안 됩니다. 김일성, 이승만, 박정희, 윤보선, 최규하, 전두환의 공통점이 뭘까요? 모두 식민지 시대에 자기 인생의 상당부분을 해외에서 보낸 사람들입니다. 이렇게 보면 남북한 모두 '돌아온 사람들'이 세운 나라예요. 이 점이 한국현대사에서 아주 중요한 대목인데 아직 주목받지 못하고 있습니다.

식민지 조선과 지배국인 일본은 문화적 격차가 적었습니다. 일본은 제국주의 국가 중 가장 뒤처진 경우였고, 우리는 식민지로 전락한 나라 중에서 상대적으로 문화수준이나 경제력이 높은 편이었죠. 거기다가 이웃해 있고 조선인들은 내심 일본을 낮춰 보는 경향도 있었던 터라 저항이 있을 수밖에 없었죠. 저항이 거세지면 지배 형태도 강력해집니다. 일본은 프랑스가 베트남을 쥐어짠 것과는 비교도 안 될 정도로 강력한 물리력을 식민지 조선에 행사했습니다. 조선시대에 비해 몇십배 강력한 국가기구를 만들어놨죠.

주체의 역량이란 관점에서 본다면 4·19는 기적과도 같은 돌발사태였습니다. 4월혁명은 한국전쟁이 끝나고 만 7년도 지나지 않은 시점에 일어났어요. 그때가 어떤 상황이었습니까? 민족해방운동의 역량은 분단으로 반토막이 났습니다. 남쪽에 남은 반토막은 해방이라는 뜨거운 공간 속에서 새로운 도약을 모색했지만 한국전쟁이 진보와 민주주의의 토대가 될 이 역량을 가차 없이 박멸해버렸습니다. 보도연맹원 학살, '인민공화국' 치하에서의 보복학살, 인천상륙작전 이후의 인민군 후퇴, 부역자 처벌과 학살, 지리산 입산과 토벌 등을 거치며 해방 공간의 민주 역량은 완전히 파괴되었습니다. 4·19의 시작은 거기서부터입니다. 그때부터 오늘까지, 그 폐허에서 촛불혁명까지 두 세대 사이에 온 것입니다. 역사가 굉장히 느리게 변하는 것처럼 느껴질 때도 있지만, 저는 우리나라가 아주 빨리 변해왔다고 생각합니다.

민족해방운동이나 사회주의운동, 또는 진보적 민주주의를 향한 운동 역량이 완전히 제거된 것이나 다름없는 상황에서도 혁명이 폭발한 것은 민주 역량이 다른 방식으로 축적되고 있었다는 것을 의미합니다. 미군정은 점령 직후부터 38도선 이남에 미국식 민주주의 교육을 실시했으며, 1946년 남조선과도입법의원 선거를 실시했습니다. 1948년 5월 10일 제헌의회 선거는 평등, 자유, 비밀, 직접이라는 4대 원칙에 입각하여 치러졌습니다. 여성들에게도 차별 없이 투표할 권리를 부여했죠. 참정권 획득을 위한 투쟁의 경험이 없던 한국의 여성들이 유럽의 선진국인 스위스 여성들보다 20년 이상 빨리 투표권을 획득했습니다.

이렇게 이식된 민주주의와 선거제도는 실제 민주주의 작동에 인맥이나 금권이 큰 힘을 발휘하는 부작용을 낳았음에 틀림없습니다. 그러나 이런 식으로라도 민주주의를 체험해본 것은 중요합니다. 학교에서도 민주주의를 가르쳤습니다. 청년학생과 지식인들은 1952년 발췌개헌에서 국회의원들이 탄 버스가 크레인에 의해 헌병대로 끌려가고, 1954년 틀림없이 부결이 선포된 개헌안이 다음날 사사오입이라는 희한한 논리를 들고 온 자유시간이 없는 관계로 어머님 뵙지 못하고 떠납니다.
끝까지 부정 선거 데모로 싸우겠습니다.
시골서의 노는 중목을 그리고 대한민국 모든 학생 들은 우리나라
민주주의를 위하여 피를 흘립니다 —
어머님 데모에 나가 저를 책하지 마시옵소서
우리들이 아니면 누가 데모하겠습니까?
저는 아직 철없는줄 압니다. 그러나 국가와 민족을 위하는 것은 완리있해야
며랍음 오리 힘을 흘립니다. 저금저의 마음은 너무도 바쁩니다.
저나 모른 누구든 죽음을 낙으라온 나간것 알니다. 저는 생명을 몸받혀
싸우려고합니다. 저는 생명을 받혀 싸우려고 합니다. 데모하러 나가는
힘이 없음이나 어머님 저를 다만 아끼는 마음으로 무척 애를 하게
생각하시겠지만 온젹례에 얼날나 민국의 해방을 위하여
이빠쳐 주세요 이여 저의마음은 거의 다나 있음니다.
너무도 조급해서 손이 잘눌려 리지 않는 코오
부디 몸건강히 계서요
거듭 말씀 드리지만 저의 목숨은 이미 반림하려고 하였음니다. 시간이 없는 관계상 이만 그치겠 읍니다.

한성여자중학교 2학년 진영숙의 유서.

당에 의해 불법적으로 통과되는 과정을 보면서 부정이 난무하는 현실에 분노를 키워갔습니다.

특히 4·19혁명을 주도한 10대~20대 청년학생 세대를 '4·19세대'라고 부릅니다. 먼저 당시 한성여자중학교 2학년 진영숙 학생의 유서를 보겠습니다.

시간이 없는 관계로 어머님 뵙지 못하고 떠납니다. 끝까지 부정 선거 데모로 싸우겠습니다. 지금 저의 모든 동무들 그리고 대한민국 모든 학생들은 우리나라 민주주의를 위하여 피를 흘립니다. 어머님 데모에 나간 저를 책하지 마시옵소서.

우리들이 아니면 누구가 데모하겠습니까? 저는 아직 철없는 줄 압니다. 그러나 국가와 민족을 위하는 길은 알고 있습니다. 저 고함소리 지금도 들립니다. 지금 저의 마음은 너무도 바쁩니다. 저희 모든 학우들 죽음을 각오하고 나간 것입니다. 저는 생명을 바쳐 싸우려고 합니다. 저는 생명을 바쳐 싸우려고 합니다. 데모하다 죽어도 원이 없습니다. 어머님 저를 사랑하시는 마음으로 무척 애통하게 생각하시겠지만, 온 겨레의 앞날과 민족의 해방을 위하여 기뻐해주세요. 이미 저의 마음은 거리로 나가 있습니다. 너무도 조급해서 손이 잘 놀려지지 않는군요. 부디 몸 건강히 계셔요.

거듭 말씀드리지만 저의 목숨은 이미 바치려고 하였습니다. 시간이 없는 관계상 이만 그치겠습니다.

진영숙은 이 유서를 쓰고 4시간 만에 죽었습니다. 버스 바깥으로 몸을 내밀고 구호를 외치다가 날아오는 총알에 맞아 사망한 것입니다. 이 희생을 기린 전시를 서울 수유동에 위치한 4·19혁명기념관에서 만나볼 수 있습니다. 바로 이 세대, 해방 전후에 태어나 4·19가 일어날 당시 10대 중반이었던 세대의 저항이 혁명에서 아주 중요했습니다.

이 세대의 특징은 뭘까요? 당시 대학생이라고 해도 1940년쯤 태어났을 테니 대개 해방 후에 학교에 들어갔습니다. 일제의 식민지 교육을 받지 않았다는 뜻이죠. 물론 교사들에게는 일제강점기 교육의 색깔이 아직 진하게 남아 있기는 했지만, 교육과정 자체가 미국식이었습니다. 한글 교재로 모국어를 배우고, 미국식 민주주의를 습득하기 시작했습니다. 제가 배운 1960~70년대보다도 1950년대에 오히려 미국식 교육의 특징이 더 강했던 것 아닌가 싶습니다. 당시 증언을 보면 학생 자치활동이 도입되어 전에는 교사가 임명하던 반장을 직접 뽑았고, 그 전에는 한 줄씩 길게 늘어놓던 책상 배열을 5명씩 그룹 지어 책상을 마주 보게 배치했다고 합니다. 교실 사정이 넉넉지 않았을 텐데 어떻게 그럴 수 있었는지 좀 의아하긴 한데, 아마 취학자가 많지 않아서이지 않을까 짐작합니다. 아무튼 그 전후 시기를 비교해볼 때 상대적으로 덜 강압적인 분위기에서 교육을 받았고, 우리 대표는 우리 손으로 뽑는다는 민주주의 가치를 자연스럽게 내면화한 세대였던 것입니다. 역설적이지만, 이승만 체제를 몰락시킨 것은 결국 미국의 강력한 권유 속에 이승만 정권이 형식적으로라도 실시한 민주주의 교육이라고 할 수 있습니다.

한반도에 국민학교가 많이 생긴 것은 중일전쟁 때입니다. 1990년대에 국민학교라는 명칭을 초등학교로 바꾼 것은 국민학교의 '국민'이 지금 우리가 생각하는 국민이 아니라 일제강점기 당시 '황국신민'의 준말로, 황국신민을 키워내는 학교라는 의미였기 때문입니다. 그런 일제가 건전하고 비판적인 민주시민을 육성하기 위해서 학교를 세웠을까요? 절대 아니지요. 당시 국민학교에서는 일본말을 가르치는 것을 아주 중요시했습니다. 일본

말을 모르는 조선 청년들을 황군병사로 키워내려면 일본어 교육이 필수적이었죠. 군대에서는 단체생활과 명령에 따라 제때 작전을 수행하는 것이 중요하니 학교에서 미리 조직생활을 경험하게 하고 시간개념을 가르쳤습니다. 결국 국민학교를 세운 것은 바로 장래의 황군병사들을 키우기 위해서였습니다. 여학생들도 봉검술을 배우는 등 예외가 아니었습니다. 그러다 해방이 되면서 이런 군사교육에서 어느정도 벗어나게 된 것이죠.

4월혁명의 주체로 학생들이 나서게 된 것이 오로지 교육 때문만은 아니었습니다. 이승만 정권은 제도정치권과 시민사회에 보수야당(민주당 계열) 외의 새로운 세력이 등장하는 것을 용납하지 않았습니다. 1956년 대통령선거에서 이승만을 위협했던 조봉암이 진보당을 만들고 평화통일론을 내걸었다가 1959년 7월 국가보안법 위반으로 사형을 당했습니다. 민주당 소속의 장면 부통령과 긴밀한 관계를 맺고 있었던 천주교 계열의 『경향신문』은 조봉암이 처형되기 석달 전인 1959년 4월 30일 폐간당했습니다. 또 이승만 정권은 1958년 12월 국가보안법을 대폭 강화해 반대세력의 손발을 묶고자 했습니다.

이런 상황에서 그나마 이승만 정권의 탄압이 상대적으로 덜 미쳤던 곳이 대학교, 고등학교 등 학원이었습니다. 해방과 한국전쟁을 거치면서 한국인의 교육열은 끓어올랐고, 학생, 특히 대학생의 숫자는 크게 늘어났습니다. 1945년에서 1960년 사이 중고등학생 수는 10배 이상, 대학생 수는 13배 증가했는데, 이같은 급성장은 세계적으로 유례를 찾을 수 없는 것이었습니다. 대학생은 1945년 7,819명에서 1960년에는 9만 7819명에 이르렀는데, 그 절반가량인 4만 2266명의 대학생이 서울에서 대학교를 다니고 있었습니다.* 이는 당시 프랑스의 인구 대비 대학생 비율과 거의 비슷합니다. 이렇게 대학생이 급증한 것은 한국전쟁 기간 대학생 징집연기라는 특별한 제도에 기인한 바 컸지만, 농지개혁으로 몰락한 중소 지주들이 고등교육을 자녀의 신분 상승 또는 유지의 수단으로 간주했기 때문이기도 합니다.** 그런데 다른 분야의 사회발전과 근대화의 속도를 크게 앞지른 고등교육은 고학력 실업자를 양산하는 문제를 낳기도 했습니다. 이는 정권에 비판적인 지식계층이 크게 늘어났다는 것을 의미합니다.

그러나 4월혁명은 흔히들 생각하듯이 대학생들이 주도한 것이 아니었습니다. 대구 2·28사건부터 3·15부정선거를 거쳐 4월 중순에 이르기까지 각지에서 시위를 주도한 것은 고등학생들이었어요. 당시 학제가 4월 개학이라 대학생들이 조직적으로 참여하기 어려웠던 탓도 있지만, 당시 고등학생들의 사회적 지위와 의식이 지금에 비해 대단히 높았기 때문이기도 합니다. 당시만 해도 한국인의 최종 학력 평균은 초등학교 수준이었습니

---

* 민주화운동기념사업회 연구소 엮음 『한국민주화운동사1: 제1공화국부터 제3공화국까지』, 돌베개 2008, 92면 참고.

** 정용욱 「5·16쿠데타이후 지식인의 분화와 재편」, 노영기 외 『1960년대 한국의 근대화와 지식인』, 선인 2004, 161면 참고.

다. 당시 고등학생은 문자 그대로 고등교육을 받은 사람들이었던 것이죠. 대부분의 집안에서 고등학생이 제일 많이 배운 사람이었습니다. 그러니 부모들이 고등학교에 다니는 자녀에게 선거에 출마한 후보들 중 누가 제일 똑똑하냐고 묻는 등 정치 여론에도 상당한 영향력을 행사했고, 어른 티도 많이 났죠. 대학 진학률이 아주 낮은 상황에서 고등학생이면 곧 사회에 진출하게 되니 사고수준이 높았고 사회적 대우도 지금과는 달랐습니다. 또 평균수명이 예순 근처였던 당시를 생각해보면 열아홉, 스물에 인생의 3분의 1을 경험한 것이죠. 고등학생의 사회적인 발언권과 개인적인 영향력이 상당히 컸을 때입니다.

혁명 전의 정치 상황

4·19 이전 몇년간의 정치 상황을 살펴보겠습니다. 1956년 제3대 대통령선거(5월 15일)에서 당시 이승만 자유당 후보에 맞서 민주당 후보로 출마했던 신익희 후보가 투표일을 불과 열흘 앞두고 갑자기 별세했습니다. 호남지방으로 유세를 가던 중 열차 안에서 뇌일혈 또는 심장마비로 급사한 것으로 알려졌지만 진상은 정확히 알 수 없습니다. 부검을 하지 않았고 자연사로 처리됐지만 일각에서 심각하게 독살을 주장했죠. 가능성은 있지만 단정할 수는 없습니다. 하여튼 안타깝게 신익희 선생이 작고했고, 장례가 치러졌습니다.

당시 선거는 정권교체를 바라는 유권자들의 기세가 높은 분위기였습니다. 신익희의 사망으로 결과는 알 수 없게 되었지만 이승만은 두차례 대통령 임기를 거치며 상당수 국민의 지지를 잃었습니다. 사사오입 개헌으로 가능해진 3선을 장담할 수 없는 처지였죠. 신익희 후보의 구호가 '못 살겠다 갈아보자'였는데, 이게 역대 우리 정치사에서 가장 강력한 구호예요. 당시 서울시민 120만명 중 30만명이 신익희 후보의 유세 연설을 듣기 위해 한강 백사장에 모였습니다. 이렇게 한껏 고조되었던 분위기에서 후보가 덜컥 세상을 뜬 것이죠.

신익희의 사망으로 새롭게 주목을 받은 것은 무소속의 조봉암 후보였습니다. 그만큼 민중의 정권교체 의지가 강했다고 볼 수 있지만, 정작 민주당은 조봉암을 지지하지 않았습니다. '용공자 부지지', 즉 공산주의를 옹호한 이력이 있는 사람은 지지하지 않겠다고 결정해버린 것이죠. 만일 지금 비슷한 상황이 생긴다면 그래도 정권교체가 중요하다고 판단할 가능성이 크다고 봅니다만, 이때의 민주당은 그러지 않았습니다. 한번 빨갱이는 영원한 빨갱이라면서 죽은 신익희 후보한테 추모표(무효표)를 던지라고 했어요. 사실상 이승만을 지지한 셈입니다. 결국 이승만이 약 70퍼센트, 조봉암이 약 30퍼센트를 득표해 이승만이 3선에 성공했습니다. 그러나 그때 조봉암이 했던 유명한 얘기가 "투표에서 이기고 개표에서 졌다"입니다. 부정선거 문제가 심각했거든요.

　　특히 개표부정이 심했는데, 예를 들면 한참 개표가 진행되던 장소에 정전이 돼서 불이 나갑니다. 깜깜한 상태에서 난리 치는 소리가 들리고, 불이 들어와서 보면 조봉암 쪽 참관인이 폭행을 당해서 피를 흘리고 있어요. 투표함에는 부정표가 잔뜩 들어가 있었고요. 끈도 안 푼 이승만 표 뭉치가 그대로 발견되기도 하고, 심지어 전체 투표수보다 이승만 표가 많이 나온 곳도 있었습니다. 투표 과정에서도 3인 1조, 5인 1조로 조를 짜서 이승만을 찍도록 서로 감시하게 시키기도 했습니다.

　　자유당 입장에서는 대통령선거 유세 기간에 조봉암이 치

고 올라오는 기세가 놀라울 정도였고, 부통령선거에서 민주당 후보의 기운도 위협적이었습니다. 그래서 자유당과 민주당이 거래를 했다는 이야기도 나왔습니다. 자유당에서 민주당에 부통령선거는 건드리지 않을 테니 대통령선거를 마음대로 하도록 묵인해달라고 했다는 것이죠. 실제로 민주당은 자당의 후보가 없는 대통령선거에는 참관인을 내지 않았습니다. 당시 조봉암은 진보당이 만들어지기 전이라 무소속이었고, 따라서 참관인도 별로 없었죠. 반면 자유당이 부통령선거도 중요하게 생각했기 때문에 자유당과 민주당 사이에 모종의 거래가 있었을 것이라는 음모는 과장된 것이라는 주장도 있습니다. 하여튼 제3대 대통령선거에서는 많은 개표 부정이 자행됐습니다.

그외에도 선거사무소에 불을 지르고, 정치깡패가 동원되어 폭력을 행사하는 등 지금으로서는 상상하기 어려운 일이 많이 벌어졌습니다. 이런 난장판에도 불구하고 조봉암의 득표가 200만표를 훨씬 넘었습니다. 이승만은 500만여표를 얻었는데, 여러 상황을 고려해보면 조봉암이 깜짝 놀랄 만큼 많이 득표한 것이죠. 이후 진보당사건으로 조봉암이 죽임을 당한 데는 이런 배경이 있었습니다.

부통령에는 민주당 장면 후보가 당선됐습니다. 대한민국 역사에서 부통령이 있던 시기는 이승만이 집권했던 제1공화국 때뿐인데, 그마저 부통령은 실질적인 권한이 없었습니다. 미국 부통령은 상원의장이고, 우리도 참의원 의장을 겸하도록 하긴 했지만 그때 아직 참의원을 구성하지 않았으니 의장은 할 일도 없고 사실상 권한이 없었습니다. 그리고 미국은 러닝메이트로 대통령과 부통령을 함께 선출하지만 우리는 대통령과 부통령을 따로 뽑았기 때문에 성격이 아주 달랐습니다. 특히 이승만 행정부는 장면 부통령에게 그 어떤 권한도 주지 않았습니다. 심지어 정부행사를 하는데 부통령 자리를 마련하지 않는 일이 벌어질 정도였습니다.

다만 문제는 있었습니다. 1954년에 대통령 3선 금지조항을 고치려고 사사오입 개헌을 하면서 대통령 유고 시 부통령이 대통령직을 승계하도록 했는데, 그때 이승만의 나이가 82세였거든요. 국민 평균수명이 예순이 안 될 때니 잠자리에 들었다 다음 날 못 일어나도 이상할 게 하나 없는 나이였지요. 이승만이 건강하기는 했지만 4년을 버텨줄 것인지가 자유당 입장에서는 큰 걱정거리였던 겁니다. 이승만이 죽으면 정권이 통째로 장면과 민주당에 넘어가게 생겼으니까요. 그래서 자유당 세력은 심지어 현직 부통령 장면을 죽이려고 했습니다. 장면 저격사건이 벌어진 것입니다. 정권의 사주를 받은 시경의 한 경찰이 가까운 데서 총을 쐈는데 빗나가는 바람에 장면의 왼손에 맞고 부상을 입는 데 그쳤습니다. 1950년대 후반 한국의 정치는 이런 황당한 일들의 연속이었습니다.

여하튼 이승만이 그럭저럭 버티면서 86세의 나이에 1960년 제4대 대통령선거를 또다시 치르게 된 것입니다. 바로 '3·15부정선거'로 유명한 사건입니다. 이때 자유당의 구호를 보면 '이승만 박사를 대통령으로 모시자' '이기붕 선생을 부통령으로 모시자'라고 하는 데 더해 '이번에는 잘못 뽑지 말자'라고 하기도 했습니다. 이번에는 부통령 선거에서 반드시 자유당 이기붕을 찍어달라는 구호였지요.

민주당 대통령 후보는 조병옥이었습니다. 이 조병옥은 제주4·3사건 학살의 주역인 그 조병옥입니다. 제주에서는 학살을 자행했지만 수년 사이 민주투사로 변신해 이승만에 맞서는 상황이죠. 한국 정치가 이렇게 혼란스럽고 기가 막혔습니다. 그런데 조병옥이 선거를 한달 앞두고 또 급사해버렸습니다(2월 15일). 1956년 대통령 선거와 유사한 일이 벌어진 것이죠. 당시 호외에는 '한국시간으로 어젯밤 10시 20분'에 갑자기 죽었다고 나옵니다. 사망한 곳은 미국이었는데 현지 시간은 아침이었습니다.

조병옥에게는 평소 심장병이 있었다고 합니다. 수술하면 괜찮다고 하는데 한국에서 수술하면 무슨 일이 생길지 모르니까 미국에 가서 수술을 받기로 했습니다. 조병옥은 미군정 때 경무부장을 지내 미국과는 관계가 좋았습니다. 당시 미육군병원이 심장병에 아주 권위가 있었다고 합니다. 거기서 수술을 받고 잘돼서 한국 기자들과 대화를 나누는 자리를 마련해 화기애애하게 이야기도 나누고 했는데, 곁에서 간호하던 부인도 모르는 사이 침대에서 바로 사망했습니다. 신익희의 경우에는 의심이 가는 정황들이 있지만 이번엔 그런 상황도 아니었지요. 정말로 지병으로 죽은 것인데, 1956년에 이어서 1960년에 또다시 야당 대통령 후보가 선거를 앞두고 사망했습니다. 사형당한 조봉암까지 치면 유력한 야당 대선후보 세명이 몇년 사이에 모두 죽어버린 것입니다.

대통령선거는 이미 이승만과 조병옥 두 사람으로 후보등록이 끝난 상황에서 이승만 후보만 남게 되었으니 이승만의 당선은 확정적이었습니다. 그래서 1960년 3·15부정선거는 부통령 선거에 집중됐습니다. 자유당 세력은 80대의 대통령 건강이 불안해 현직 부통령을 저격하기까지 했는데 이제 아흔을 바라보는 대통령의 다음 임기 4년을 생각하면 더더욱 야당에 부통령을 넘겨줄 수 없다고 다짐했습니다. 실제로는 이기붕이 이승만보다 더 건강이 나빴다고는 하지만, 하여튼 이번에도 조병옥의 추모표가 장면에게 몰리게 된 상황에서 부통령선거를 반드시 승리하려는 자유당 정권의 부정선거가 시작된 것입니다.

4·19혁명의
열기와 승리

2

3·15부정선거

3·15부정선거는 아주 노골적으로 자행됐습니다. 먼저 대대적으로 공무원들에게 불법적인 '선거관리' 지령을 내렸습니다. 그 지령문을 민주당이 입수해 언론사에 보내면서 신문에 실리기까지 했죠. 야당 선거유세 방해는 약과고, 민주당 선거관계자가 테러당해 사망하는 일도 있었습니다. 민주당 선거 벽보는 대개 찢겨나갔습니다. 반대로 자유당은 문화계의 거두들을 동원해 대대적인 유세를 이어갔습니다.

대구 2·28민주운동은 4·19의 도화선이라고 할 수 있습니다. 대구가 지금은 보수적인 곳이 됐지만 일제강점기에는 '조선의 모스크바'라 불릴 만큼 남한에서 가장 진보적인 도시였습니다. 이 사건이 그 점을 잘 보여줍니다.

당시 갖가지 방해공작이 있었음에도 민주당 부통령 유세 현장은 열기를 더하는 분위기였습니다. 1960년 2월 28일 일요일은 장면 후보가 대구에서 유세 집회를 하기로 한 날이었습니다. 그날 대구 교육당국은 대구 시내 고등학생들에게 일요일인데도 등교하라고 지시했습니다. 고등학생들에겐 투표권이 없었지만 앞서 말씀드린 것처럼 선거에 큰 영향력을 행사하고 있으니 장면 유세에 참석하지 못하게 하려는 것이었죠. 갑자기 일요일에

예정에 없던 시험을 본다고 한 학교도 있었고, 뜬금없이 토끼 사냥을 간다고 한 학교도 있었습니다. 일요일에 학교를 나가는 것도 신경질 나는 일인데 이런 황당한 이유로 불러내니 속셈이 뻔하잖아요. 분노한 대구시내 여러 고등학교 학생 1,000여명이 "신성한 학원을 정치 도구화하지 말라!"라는 구호를 내걸면서 경북도청으로 몰려가 시위를 벌였고, 급히 출동한 경찰의 구타로 학생 20여명이 부상당하고 200여명이 경찰에 연행되었습니다.

자유당 정권은 그전부터 북진통일, 중립국 감시위원단 철수, 재일동포 북송 반대 등을 내건 대규모 시위나 궐기대회에 자주 학생들을 동원하곤 했습니다. 1955년에 있었던 대구매일신문사 습격사건은 이 신문이 '학도를 도구로 이용하지 말라'는 제목의 사설을 실었다는 이유로 자유당이 깡패를 동원해 일으킨 것이었습니다. 그런데 이러한 관제 데모의 동원 대상이었던 고등학생들이 이제는 독재권력을 향하여 주체적인 저항에 나선 것입니다. 이때부터 혁명에 불이 붙었다고 할 수 있습니다. 이 사건 보름 뒤에 3·15부정선거가 있었고, 그 직후에 마산에서 큰 시위가 일어나게 됩니다.

부정선거가 제일 심했던 게 마산 지역이었던 것 같습니다. 그날 선거 분위기를 전하는 『동아일보』 기사의 표현은 "일찍이 없었던 공포 분위기"(1960.3.15)였습니다. 아주 살벌한 상황에서 선거가 진행된 것이죠. 이 사진은 자유당 쪽에서 표를 바꿔치기하려고 하니까 야당 참관인이 붙들고 있는 장면이 찍힌 겁니다.

3·15부정선거 당시 자유당 인사가 표 바꿔치기를 하는 과정에서 여야 관계자들이 몸싸움을 하고 있다.

민주당은 선거가 끝나기도 전에 이번 선거를 무효로 선언하고 참관인을 철수시키면서 정·부통령 선거를 다시 하라고 요구했습니다.

선거 당일 마산에서 벌어진 시위를 '마산 3·15의거'라고 부릅니다. 그날 마산에서는 부정선거에 항의하는 시위대가 경찰과 대치했습니다. 시위가 격렬해지고 투석전이 이어지자 경찰은 시위대를 향해 발포했고, 상황은 더욱 심각해졌습니다. 분노한 시위 군중이 경찰관서 등 공공시설을 습격했고, 자유당 소속 국회의원 집과 관련 시설이 공격받기도 했습니다. 이 모든 과정에서 8명(김주열 포함)의 사망자를 비롯해 80여 명의 사상자가 발생하고 다수가 연행되었습니다. 마산에서는 특히 여학생들도 다수 시위에 참여했습니다.

상황이 심각했습니다. 왜 경찰이 발포했느냐는 질문에 이기붕 부통령 후보가 "총은 쏘라고 준 것"이라는 극단적인 발언을 해 크게 논란이 되었습니다. 전하는 말에 따르면 이기붕은 원래 점잖은 편이었다고 하죠. 한국전쟁 당시 국민방위군사건을 수습하는 과정에서 국방장관으로 활약하면서 거물급 정치인으로 부상한 경우인데, 권력에 가까워질수록 망가지기 시작한 것 같습니다. 이기붕의 부인이었던 박마리아는 지금과는 달리 남존여비 분위기가 강하고 여성의 사회참여에 적대적이었던 무렵 이화여자대학교 부총장을 지내는 등 자신의 활동력에 남편의 영향력까지 합쳐져 막강한 권력자로 떠올랐습니다. 대통령 부인인 프란체스카 여사는 외국인이라 한국 내에서 인맥도 없었고 세력을 만들기가 쉽지 않았는데, 그 역할을 대신한 사람이 박마리아였다고 합니다. 미국 유학을 가서 대학 졸업장을 3개나 받은 뒤 이화여대 부총장에 동창회 회장을 역임한, 당시 여성으로서는 최고의 엘리트였습니다.

마산에서 경찰의 발포로 유혈사태가 일어나니 경찰은 역시나 공산주의자들의 책동으로 규정했습니다. 시위 수법이 공산당과 유사하다는 식으로 몰아간 것입니다. 주모자로 구속된 이들은 공산당원으로 몰려 고문받기도 했습니다. 경찰은 시립병원에 안치되어 있는 시신의 주머니에 자기들이 만든 삐라를 넣어놓고 공산당이 한 것으로 조작하기도 했는데, 당시 이 일을 주도한 치안국장 이강학 등은 나중에 중벌을 받았지만, 박정희에 의해 곧 풀려나 재벌이 되었습니다.

한편, 당시 부산지방검찰청 정보부장(지금의 공안부장)으로 있던 한옥신은 자신의 관할지인 마산에서 일어난 이번 사건이 공산주의자들의 소행이 아니라고 보고했습니다. 한검사도 반공주의자였지만, 이번 마산사건은 부정선거에 항의한 것이라고 생각한 것이죠. 공산당이 사주했다는 경찰 조사는 조작된 것이라는 한옥신의 보고서를 보고 홍진기 당시 법무부장관이 크게 놀랐다고 해요. 공산주의 쪽으로 잘 몰아가던 중인데, 말하자면 '정의파' 검사가 초를 친 것이죠. 자유당 정권은 오제도 같은 악명 높은 공안검사를 통해 한옥신에게 압력을 넣기도 했다고 합니다.

4·19 이후 홍진기도 시위대에 대한 발포사건으로 사형을 선고받았지만 집행은 되지 않았습니다. 발포사건과 관련하여 1심에서 사형을 받았던 사람 중 경무대 경호책임자 곽영주만 사형이 집행되고, 홍진기는 슬그머니 무기징역으로 감형되어 결국 풀려난 후 중앙일보사 사장으로 승승장구했습니다. 공업학교를 나온 곽영주는 죽고 경성제대 법문학부를 나온 홍진기는 탄탄한 법조인맥 덕분에 살았다는 말이 많았지요.

김주열의 시신과 마산의 항거

이제 김주열 열사에 대해서 알아보도록 하지요. 김주열은 마산 상고 1학년이라고 알려졌지만 정확하게는 입학 예정자였습니다. 당시에는 4월에 입학했거든요. 원래 고향은 전라북도 남원입니다. 지금은 영호남 지역감정이 심해서 호남에서 영남으로 유학을 가는 경우가 거의 없는데 그때는 달랐어요. 재미있는 현상이죠. 그때도 지역감정은 있었지만 주 전선은 평안도를 중심으로 한 서북인에 대한 경기·충청권을 중심으로 한 기호인들의 차별이었고, 영호남 사이의 감정은 심각하지 않았습니다. 김주열의 형도 마산상고에 다니고 있었고, 김주열도 합격해서 교복까지 받아놓고 4월 1일 정식 입학을 기다리던 상태였습니다. 그 교복을 입고 3·15시위에 참여했다가 그날 밤에 실종되었던 것입니다.

입학을 앞둔 아들이 집에 돌아오지 않고 연락도 없으니 어머니가 남원에서 와 아들을 찾아다녔습니다. 전라도에서 온 아주머니가 아들을 찾아다니니까 마산 사람들이 관심을 가지게 되고 부산문화방송 기자가 인터뷰를 하기도 했습니다. 그래도 도대체 행적을 찾을 수가 없었는데, 어딘가 저수지에 시신을 유기했다는 소문이 돌아 마산에 수돗물을 공급하는 수원지 물을 시민들 보는 앞에서 다 빼보기도 했습니다. 그래도 시신을 찾

마산중앙부두 앞바다에 떠오른 김주열 열사의 시신.

을 수 없었어요. 어머니는 한달 가까이 아들을 찾아다니다 포기하고 4월 11일 오전에 남원으로 돌아가는 버스를 탔습니다. 그런데 그 버스가 남원에 채 도착하기 전에 시신이 마산 중앙부두 앞에서 떠오른 겁니다. 참으로 극적이었습니다. 시민들은 시신에 태극기를 덮어서 마산 도립병원으로 옮겼습니다.

　그 무렵은 3·15부정선거가 노골적이고 심각하긴 했지만 정권에서 덮으려고 조직적으로 노력하니 시위가 점차 사그라드는 분위기였어요. 김주열의 시신이 발견되기 전날 『동아일보』의 사회면 톱 기사는 창경원 벚꽃놀이를 다루고 있습니다. 그만큼 부정선거에 대해 사회적 관심이 크게 줄어들었다는 것이고, 자유당도 얼마간 안심하고 있었겠죠. 그러다 김주열의 시신이 발견되면서 전국적으로 다시 시위가 거세게 일어났습니다.

사진을 보시면 시신의 눈 근처가 크게 훼손됐습니다. 20센티미터 정도 되는 최루탄이 그대로 얼굴에 박혀 사망한 것입니다. 저 상태에서 주먹을 불끈 쥔 자세로 바다에서 떠올랐습니다. 사람들은 시신이 떠올랐을 때 바로 김주열인 줄 알았다고 합니다. 다른 실종자들은 다 시신을 찾았는데 김주열만 없었고, 앞서 말한 것처럼 김주열 어머니가 아들을 찾아다닌 일이 이미 마산에서 유명했거든요.

세월호사건이 일어난 후 진상 규명을 촉구하기 위해 '진실은 가라앉지 않는다'라는 구호를 많이 외쳤는데, 그 말은 4월혁명에도 딱 들어맞습니다. 김주열의 시신이 떠올랐다고 하니까 정권이 시신을 빼돌릴까봐 사람들이 병원으로 몰려들었습니다. 경찰이 김주열의 시신을 빼돌려 남원으로 보내려 하자 김주열의 어머니는 시신 인수를 거부하며 "나는 시체를 못 받겠으니 이기붕의 집에 갖다주라"라고 버텼다고 합니다. 그렇게 빈소가 차려졌고, 많은 시민들과 학생들이 문상했습니다.

이 시신 사진이 『뉴욕타임스』 1면에 실리게 됩니다. 『부산일보』의 허종 기자가 찍었습니다. 마산 3·15의거를 취재하다가 상황이 거의 종료됐다 싶어서 부산으로 가려던 참에 중앙부두 앞 다방에서 커피를 마시고 있는데, 갑자기 사람들이 웅성거리더니 부두에 일이 생겼다고 해서 달려갔다고 합니다. 저 장면을 찍고 나오는데 경찰이 오니까 필름을 뺏길까봐 카메라를 숨겨서 곧바로 부산 본사로 갔습니다. 이 사진을 신문에 싣느냐 마느냐를 놓고 편집국 내에서 격론이 벌어졌다고 합니다. 그전에 야당지였던 『경향신문』이 정권에 밉보여 폐간당했습니다. 구독자수 2위인 『경향신문』도 아무렇지 않게 폐간시켜버리는데 자기들 같은 지방지는 바로 날아가는 것 아니냐며 편집국에서는 못 싣는다고 했어요.

하지만 당시 부산일보사 소유주 김지태가 신기로 결단했습니다. 그뿐 아니라 당시 『부산일보』 평균 발행부수가 4만부 정도 될 때 이 사진을 싣고 20만부를 찍은 겁니다. 김지태는 당시 부산 최고의 재벌이었는데, 자기 소유의 다른 회사 트럭들을 다 동원해서 부산과 마산 지역에 몇만부를 뿌렸어요. 그리고 이런 중요한 사진은 모든 신문에 실려야 한다며 사진을 인쇄해서 서울의 각 신문사에 보냈습니다. 『동아일보』 같은 중앙지에도 기사가 실리면서 4·19로 확산되는 중요한 분기점이 됩니다.

개인적으로 김지태가 훌륭한 재벌이었다고 생각합니다. 김지태는 당시 '한강 이북에는 이병철, 한강 이남에는 김지태'라고 할 정도로 국내에서 손꼽히는 재벌이었습니다. 주로 생사와 견직 관련 기업을 운영하면서 부산일보사와 부일장학회를 만들었고, 문화방송 지분 전부와 부산문화방송 지분의 3분의 2 가량을 소유하고 있었습니다. 이후 박정희가 언론 장악을 위해 김지태를 잡아 가두고 『부산일보』, 문화방송, 부산문화방송 등 김지태 소유의 언론사를 빼앗아 5·16장학회를 만들었고, 이것이 나중에 유명한 정수장학회가 됩니다. 노무현 전 대통령은 부산상고 출신의 김지태가 후배들을 위해 만든 장학금 덕에 고등학교 졸업장을 딸 수 있었습니다. 김지태는 자유당 국회의원도 했는데, 이기붕 등 자유당 강경파와 사이가 틀어지는 바람에 정치를 그만두고 기업과 언론사 운영에 전념하던 차였습니다.『부산일보』는 1959년 조봉암이 사형당했을 때 유일하게 그를 애도하는 사설을 실은 신문이기도 합니다.

부산문화방송은 3·15의거가 일어났을 때 시위를 생중계했습니다. 요즘은 아무리 대규모 집회라 해도 지상파 방송에서 생중계를 하는 일은 없지요. 그런데 당시 부산문화방송이 한 거예요. 부산문화방송은 그 당시 규모가 제일 큰 상업방송이었습니다. 서울문화방송이 있었지만 라디오 보급대수가 부산이 더 많았어요. 그때는 나이 든 사람들이 다 일본말을 할 때니까 일본 방송이 잡히는 부산에서 라디오로 일본 방송을 많이 들었기 때문입니다.

반대로 부산에서 송출한 방송도 일본에서 잡히니까 부산문화방송이 마산 시위 생중계를 시작한 지 5분 만에 일본 NHK가 받아서 보도했어요. 한국에서 부정선거에 항의하는 대규모 시위가 있었고 경찰이 발포했다는 소식이 전 세계에 전파되는 계기가 마련된 것입니다. 경찰이 그걸 막으려고 마산을 샅샅이 뒤졌지만 방송은 부산에서 송출하고 있었으니까 잡지 못했습니다. 시위 현장의 목소리와 총소리가 NHK 방송에 나오게 됐으니 어마어마한 일이지요.

흥미로운 것은 이 과정을 당시 부산 군수기지 사령관으로 근무하던 박정희가 옆에서 지켜봤다는 점입니다. 『부산일보』와 부산문화방송, 그리고 김주열 사건이 전국 언론에 보도되면서 정권이 무너지는 장면을 목격한 것입니다. 아마 이 이후로 박정희는 군사반란을 구상하면서 언론의 중요성을 분명히 인식했을 겁니다. 나중에 쿠데타에 성공하고 문화방송과 부산일보사를 갈취한 것이 그 방증입니다. 김지태의 많은 재산 중에서도 하필 언론사를 빼앗은 것이죠. KBS와 『서울신문』 등 관영언론만 가지고는 부족하고 민간에서 정권을 받쳐줄 언론이 필요하다고 생각했을 것입니다.

하던 이야기로 돌아가면, 김주열을 이렇게 만든 사람은 누구였을까요? 마산경찰서 경비주임 박종표였습니다. 박종표는 김주열에게 정면으로 최루탄을 쏴 살해하고 시신을 바다에 유기한 죄가 드러나 체포됐습니다. 얄궂게도 이 박종표는 반민특위에 잡혀갔던 악질 헌병 출신으로, 일본 이름은 아라이 겐기치입니다. 일제강점기 부산경남 지역의 고문왕이라고 불렸던 사람이죠. 이승만 덕에 반민특위가 유야무야되면서 무죄로 풀려났는데 11년 뒤에 결국 김주열을 살해한 것입니다. 이게 우리의 현실이었습니다. 이런 친일파들이 나서서 이승만 정권을 유지해왔던 것이죠. 반민특위에 잡혀갔다 특위가 깨지며 무죄로 풀려난 자가 이승만의 충복이 되어 11년 뒤에 김주열을 살해하다니… 누가 이렇게 소설을 썼다면 리얼리티가 부족한 설정이라고 비판

받았을 일이 우리나라에서는 다큐가 되어버렸습니다.

김주열과 박종표 이야기는 「누나의 3월」(2010)이라는 드라마에서 잘 그려집니다. 마산 MBC가 만든 2부작 드라마인데, 배우 손현주가 박종표 역을 맡아 아주 야비하게 연기를 잘했습니다. 김주열의 어머니 권찬주 여사도 등장합니다.

김주열의 참혹한 시신이 발견되자 마산시민들은 즉각 거리로 몰려나왔습니다. 시위대는 저녁 6시경에 이미 3만명으로 늘어났고, 이날 경찰이 또다시 발포하여 2명이 숨졌습니다. 개각과 민심수습 방안 제시를 통해 3·15부정선거에 대한 항의로 촉발된 사태를 수습하려고 했던 이승만 정권에게 이 사건은 치명타가 되었습니다. 다시 학생들이 거리로 몰려나왔고, 부정선거에 대한 문제제기도 다시금 격렬해졌습니다. 정부는 4월 12일 국민학교를 제외한 전국의 각급학교에 3일간 등교 중지령을 내렸습니다.

그리고 이승만이 4월 13일 특별 담화를 발표하여 "(마산의) 난동 뒤에는 공산당이 있다는 혐의도 있어서 지금 조사 중인데, 난동은 결국 공산당에 좋은 기회를 줄 뿐"이라고 주장했고, 정부는 검찰, 경찰, 군대의 정보기능을 모아 합동수사위원회를 설치해 '적색분자들의 준동혐의'를 수사했습니다. 부정선거에 대한 분노와 민주주의를 향한 정당한 요구에 다시금 공산주의 혐의를 뒤집어씌우려고 한 것입니다.

김주열의 시신이 뒤늦게 떠올라 사그라들던 혁명의 불씨를

되살린 사례를 보면 1987년 6월항쟁이 떠오릅니다. 박종철 열사가 1987년 1월에 사망했잖아요. 당시 직선제 개헌운동은 전두환 정권의 4·13호헌조치 강행으로 어려운 상황에 있었습니다. 개헌세력과 정권이 팽팽하게 맞서는 상황에서 5월 중순 박종철 고문치사 은폐조작이 터지면서 6월항쟁으로 이어질 수 있었죠.

4·19의 전개과정에서 우리가 또 하나 주목해야 할 점은 초기 사건들이 서울이 아니라 지방에서 시작됐다는 사실입니다. 이 점에서 4·19는 6월항쟁이나 2000년대 이후 촛불집회와는 양상이 다릅니다. 물론 1960년 4월 18일 이후로는 주요 기구와 대학생 절반 이상이 밀집해 있는 서울을 중심으로 전개됐지만, 대구 2·28민주운동이나 마산 3·15의거, 4·11 마산 2차 의거와 같은 주요 사건들은 서울이 아니라 지방에서 발생했습니다. 당시에 지방의 도시들은 아직 반공의식이 철저하지 않아서 좌익으로 희생된 사람을 두고 '똑똑한 사람들이 억울하게 죽었다'고 여기는 분위기도 있었고, 정부비판 의식도 서울보다 더 강했다고 합니다. 실제로 지방의 시위자들은 부당한 상황에도 별다른 움직임을 보이지 않는 서울의 대학생들을 질타하기도 했습니다.

사실 1979년 10·26사건의 직접적인 계기가 된 부마민주항쟁도 서울보다 지방에서 먼저 발생한 시위가 권력 개편의 방아쇠를 당긴 경우입니다. 1987년 6월항쟁의 중심은 서울이었지만, 그때만 해도 지방의 열기는 여전해 전국에서 동시다발로 진행된 시위가 경찰력의 분산배치를 불가피하게 만들었고, 결국 전

고려대 학생들이 국회의사당 앞에서 부정선거 및 정권 규탄 선언문을 낭독하고 있다.

두환 독재정권의 대응력을 크게 약화시켰습니다. 경찰력의 한계 속에서 전두환 정권에 군을 동원한 계엄령이냐 직선제 수용이냐를 선택하도록 강제한 힘은 서울 못지않은 지방 시민들의 활약에서 나왔다고 할 수 있습니다.

반면 2008년의 촛불집회부터는 서울 중심성이 두드러지게 나타납니다. 물론 여러 지역에서 촛불집회가 열렸지만 그 파괴력과 영향력은 1960년은 물론이고 1987년에도 비할 바가 아니었죠. 수십년간 진행된 도시화의 효과, 인터넷과 교통의 발달이 서울 중심성을 강화했다고 할 수 있겠습니다. 그래서 2008년과 2016~17년 광화문에는 한국 민주화운동사에서 최대의 인파가 모였지만, 달리 생각해보면 경찰 역시 최대의 병력을 결집시킬 수 있었어요.

"학생의 피에 보답하라"

4월 개학을 맞아 대학생들이 거리로 나오면서 시위양상이 다시 변합니다. 4월 4일에 전북대 학생들이 나온 게 처음이고, 4월 18일 고려대 학생들이 나선 일이 유명합니다. 이 사진(앞면)은 고려대생들이 태평로에 있는 당시 국회의사당(현 서울시의회) 앞까지 나온 장면입니다. 여기서 선언문을 낭독하고 정권을 규탄했습니다. 당시 고려대 총장 유진오 박사가 '여러분들 의사는 충분히 전달됐으니 학교로 돌아갑시다' 하고 설득하고 있지요. 당시 학생들이 착했나봐요. 총장의 설득에 해산하기로 합니다.

어둑어둑해질 때쯤 집으로 돌아가는데, 종로4가 근처 지금은 없어진 천일백화점 앞에서 깡패 무리가 갑자기 대학생들을 습격했습니다. 학생들은 쇠사슬과 쇠망치 등에 두들겨 맞아 쓰러졌습니다. 이 사진(다음 면)의 대학생은 얼마나 겁에 질렸는지 깡패들이 물러갔는데도 덜덜 떨면서 일어나질 못합니다. 중학생인지 고등학생인지 와서 깡패들 다 갔다고 하면서 일으켜 세워주는 장면입니다. 당시 상황이 얼마나 살벌했는지를 보여줍니다. 이때 습격했던 것이 당시 유명한 정치깡패였던 이정재·임화수 일당이었습니다. 이정재는 5·16군사반란 이후 '나는 깡패입니다'라는 푯말을 걸고 조리돌림을 당한 뒤 사형당합니다. 임화

고려대 학생 집회가 해산된 후 집으로 돌아가던 시위대가 정치깡패 무리에 습격을 받고 쓰러져 있다.

수도 마찬가지로 사형당했지요.

이렇게 학생들이 귀가하는 길에 습격을 당했다는 사실이 알려진 다음 날 4월 19일에 대학생들이 대거 거리로 몰려나온 겁니다. 4월 19일 아침부터 대학생들은 선언문을 낭독하고 거리로 향했습니다. 국회의사당에서 집결한 뒤 경무대(현 청와대) 방향으로 이동하기 시작했습니다. 다른 시민들도 학생 대열에 합류하면서 세종로 일대는 10만 명 규모의 시위대열로 뒤덮었습니다. 경무대로 향하는 시위대와 경찰이 치열하게 대치했습니다. 처음에는 최루탄과 공포 사격으로 저지하던 경찰은 시위대가 최후 저지선인 경무대 앞에 이르자 결국 실탄을 발포하게 됩니다. 경무대 발포를 시작으로 서울 시내 곳곳에서 시위대를 향해 무차별 사격이 가해졌습니다.

"전 대학생이 총궐기/열띤 데모의 홍수 장안을 흔들다".
1960년 4월 19일 석간으로 발행된 『조선일보』 1면의 제목입니다.
지금은 헐렸지만 당시 중앙청, 옛 조선총독부 건물 앞까지 학생
시위대가 들어찼고 경찰이 강력하게 진압했습니다. 다음 면 사
진은 발포 직전 상황입니다. 그런데 흥미로운 점이 있죠. 사실
지금이라면 경찰이 시위대를 겨냥하는 모습을 찍은 사진이 있
을 겁니다. 경찰관의 얼굴도 클로즈업하고요. 그런데 이 사진은
어떤가요? 사진기자가 어디에 있나요? 기자가 시위대와 함께 움
직인 것이 아니라 경찰 뒤에 서 있지요. 당시 언론의 태도가 날
이 갈수록 시위대에 우호적으로 바뀌어갔지만, 이때까지는 정권
이 언론을 장악하고 있었다고 볼 수 있는 자료입니다. 이렇게 발
포가 시작됐습니다.

발포 후 더욱더 분노한 시민들은 반공청년단 본부와 경찰
관서, 이기붕 자택 등을 공격하고 진압을 위해 출동한 소방차를
빼앗았으며 관영 언론인 서울신문사에 불을 질렀습니다. 『서울
신문』은 가장 악질적으로 마산 시위에 공산주의 혐의를 뒤집어
씌우려고 한 언론입니다. 우리 민주화운동에서 '아름다운' 전통
이 하나 있는데, 바로 정권 편에 서서 사실을 날조하고 왜곡한
언론사를 시민들이 응징해온 것입니다. 부마항쟁 당시 시민들이
CBS에는 박수를 보냈지만 『부산일보』와 『국제신보』에는 돌을
던졌고, 5·18 때는 광주 MBC가 불탔죠. 최근 촛불집회 때는 조
선일보사, 동아일보사 앞에 쓰레기장을 만들었습니다.

중앙청 앞에서 경찰이 시위대에 발포할 준비를 하고 있다.

일부 시민들은 무장하기도 했습니다. 4월 19일 저녁 무렵에 시위대가 파출소에서 탈취한 카빈 소총으로 무장하고 경찰과 총격전까지 벌였어요. 무장한 시위대는 의정부 방면으로 진출했다가 출동한 계엄군에 쫓겨 고려대 구내로 들어갔습니다. 당시 학교 구내에는 통금에 발이 묶인 시민 1,500명가량이 있었는데, 군과 시위대 중 어느 한쪽이라도 발포하면 큰 희생자가 날 수밖에 없는 상황이었죠. 이때 계엄군의 조재미 사단장이 장교 2명만 대동하고 교내로 들어와 태극기로 덮인 희생자 시신 앞에서 정중히 조의를 표하자 시위대가 순순히 무기를 버리고 해산했다고 합니다.

　　학생들에게 총을 쏜다는 소식을 듣고 어머니들이 거리에 나오고, 총상으로 부상당한 시민들을 위해 의대생들이 나서기도 했습니다. 저는 이 과정에서 우리 민주주의가 크게 성장했다고 느낍니다. 이때까지 우리 시민들은 민주주의를 위해 싸운 적이 거의 없었죠. 민족해방을 위해서는 온몸을 내던졌지만, 민주주의는 하늘에서 뚝 떨어진 것이나 다름없었습니다. 교육수준이나 정치지식도 지금과 비교할 수 없을 정도로 낮은 시절이었기 때문에 3·15부정선거 사례처럼 돈을 받으면 찍어줘야 하는가보다 생각하는 사람도 많았지요.

　　그런데 4월혁명에서 피를 흘리기 시작하면서 민주주의가 공짜가 아니라는 것, 우리 손으로 싸워서 쟁취해야 하는 것임을 체감하기 시작했습니다. 미국의 대통령 토머스 제퍼슨(Thomas

Jefferson)이 한 유명한 말 '자유의 나무는 피를 먹고 자란다'가 이 경우에 딱 들어맞습니다. 4월혁명에서 학생들의 희생과 역할이 컸지만 실제 희생자를 보면 하층노동자나 무직자가 더 많았습니다. 하층노동자라고 표현했지만 넝마주이, 구두닦이, 껌팔이, 신문팔이 같은 이름을 남기지 않은 민중의 역할 역시 중요했던 것입니다. 4·19혁명은 그야말로 모든 시민이 싸워 얻어낸 민주주의의 나무입니다. 이 점은 1979년의 부마항쟁이나 1980년 광주항쟁도 마찬가지였습니다. 학생이나 지식인들의 민주화운동을 뛰어넘는 민주항쟁이라는 면을 놓쳐서는 안 됩니다.

시위가 격화되자 정부는 계엄령을 선포했습니다. 계엄령으로 시위가 소강상태에 들어가자 이승만 정권은 나름대로 민심 수습에 나섰습니다. 4월 21일에는 국무의원들이 총사퇴했고, 23일에는 이기붕이 부통령 당선 사퇴를 '고려'한다는 성명을 발표했다가 오히려 국민들의 분노를 사기도 했습니다. 24일에는 이승만이 자유당 총재직을 사임하고 대통령직에 전념하겠다는 내용의 담화를 발표했고, 이기붕은 부통령 당선 사퇴와 공직 은퇴를 발표했습니다. 정권은 이 정도 선에서 사태가 수습되길 바랐습니다.

그러나 4월 25일 서울시내에서 교수들이 "학생의 피에 보답하라!"라고 쓴 플래카드를 내걸고 이승만 하야를 요구하는 시위를 벌여 이승만 정권의 기만적인 사태 수습책에 치명타를 가했습니다. 이 대학교수 시위가 정권이 무너지게 만드는 결정적인 역할을 했다고 적극적으로 평가하는 경우도 있고, 교수들은 기껏해야 학생들이 희생된 지 한참 뒤에야 나왔다고 비판적으로 보는 견해도 있어요. 저는 둘 다 일리가 있다고 생각합니다. 4월 25일이 월급일이라 모든 교수들이 학교에 나오니 그날로 잡았다는 설도 있습니다. 교수들 300명가량이 모여서 행진하고 그 뒤로 시위대가 만명쯤 따랐습니다. 요즘은 집회 규모가 10만, 30만이 되어도 많다는 느낌이 안 들 정도로 규모가 커졌지만 시위대가 만명만 모여도 어마어마한 겁니다. 박정희의 유신시대에는 부마항쟁 이전에 500명 이상 모인 기억이 거의 없습니다. 4월 혁명 당시 교수들이 앞장서 사태의 진전에 중요한 역할을 한 것은 사실입니다.

계엄령이 선포되고 탱크가 동원됐지만 다행히 군대가 발포하지는 않았습니다. 이승만이 직접 발포 명령을 내리지 않은 것이 천만다행입니다. 이승만이 명령을 내렸다면 아마 수천명이 희생되었을 겁니다. 1979년 부마항쟁 직후 박정희는 '4·19 때는 최인규나 곽영주가 발포명령을 내렸다가 사형을 당했지만, 이번에는 대통령인 내가 직접 발포명령을 내리는데 나를 사형시킬 것이냐'며 강하게 나갔죠. 그런 생각이 현실이 됐다면 사상자가 대규모로 발생했을 것입니다. 시위대를 향한 발포를 둘러싼 갈등은 결국 김재규 중앙정보부장이 박정희에게 총격을 가하는 것으로 이어졌습니다.

4월 19일 유혈사태 후 또다른 대규모 참사를 겪지 않을 수

1960년 4월 25일 서울에서 대학 교수들이 '학생의 피에 보답하라'라는 구호가 적힌 팻말을 들고 시위행진에 나서고 있다.

있었던 것은 군이 중립을 지켰기 때문입니다. 만약 군이 발포했다면 학생과 시민들로 구성된 시위대가 경찰의 발포와는 차원이 다른 국가폭력을 뚫고 혁명을 계속 밀고나갈 수 있었으리라고 보기 어렵습니다.

군대가 시위대에 대해 중립적 내지는 우호적 태도를 취한 것은 미국의 의도를 읽었기 때문입니다. 당시 대부분의 군부 엘리트는 미국 유학을 했고, 미8군을 통해 미국 측과 일상적으로 접촉하고 있었습니다. 계엄사령관 송요찬을 비롯한 군부 엘리트들은 계엄령이 선포된 상황에서 어떤 태도를 취해야 할지를 두고 심각하게 계산했을 것입니다. 제3세계 여러 나라에서 이미 군대가 정치의 전면에 나서기 시작했는데 자신들은 어떻게 할지 고민했겠지요. 결국 군대는 몰락해가는 독재자 이승만을 구하기 위해 시민들에게 발포하지는 않기로 결정했고, 이로써 의지할 데라고는 군대밖에 남지 않았던 이승만과 자유당 정권은 몰락했습니다.

다음 사진을 보시면 시위대가 탱크 위로 올라가 있습니다. 그런데 군인들이 저지하지 않아요. 군대와 시위대가 같은 편이 된 것이죠. 조금 잔인하지만 '성공한 혁명과 실패한 혁명은 대중들이 탱크 위에 올라타느냐, 탱크에 깔리느냐로 갈린다'는 말도 있는데, 그렇게 보면 4·19는 성공한 혁명이지요. 반면에 1989년 중국 톈안먼사태 때는 시위대가 탱크를 막아섰지만 결국 비극으로 끝나고 말았습니다.

군대 탱크에 올라탄 시민들.

"부모형제들에게 총부리를 대지 마라." 수송국민학교 어린이들이 외쳤습니다. 수송국민학교는 지금 종로구청 자리에 있던 학교인데 발포 현장에서 멀지 않아서 이곳 학생 두명도 총에 맞아 사망했습니다. 이 학생들이 급우를 잃고 나온 것입니다.

4·19에 대해 많은 시인들이 감격에 겨워 시를 썼지만 저는 그중 최고는 수송국민학교 6학년 강명희가 쓴 시 「오빠와 언니는 왜 총에 맞았나요」라고 생각합니다.

아! 슬퍼요.

아침 하늘이 밝아오며는

달음박질 소리가 들려옵니다.

저녁 노을이 사라질 때면

수송국민학교 학생들이 '부모 형제들에게 총부리를 대지 말라'를 외치며 시위에 나선 장면.

탕탕탕탕 총소리가 들려옵니다.

아침 하늘과 저녁 노을을

오빠와 언니들은

피로 물들였어요.

오빠 언니들은

책가방을 안고서

왜 총에 맞았나요.

도둑질을 했나요.

강도질을 했나요.

무슨 나쁜 짓을 했기에

점심도 안 먹고
저녁도 안 먹고
말없이 쓰러졌나요.
자꾸만 자꾸만
눈물이 납니다.

잊을 수 없는 4월 19일
학교에서 파하는 길에
총알은 날아오고
피는 길을 덮는데
외로이 남은 책가방
무겁기도 하더군요.

나는 알아요 우리는 알아요.
엄마 아빠 아무 말도 안 해도
오빠와 언니들이
왜 피를 흘렸는지를

오빠와 언니들이
배우다 남은 학교에서
배우다 남은 책상에서
우리는 오빠와 언니들의

뒤를 따르렵니다.

세상이 험하면 아이들이 빨리 철드는 법인가봅니다. 초등
학생들이 나와서 시위를 하고, 이런 시를 쓰다니 놀랍지요. 이처
럼 4·19는 정말 남녀노소 가릴 것 없이 모든 국민들이 하나가
되어 이뤄낸 혁명입니다.

최초의 민중혁명

1960년 4월 26일, '국부'를 자임하며 대한민국 정부 수립 이래 12년간 대통령직을 차지하고 막강한 권력을 누려온 이승만이 권좌에서 쫓겨났습니다. 이승만의 퇴진은 우리 5천년 역사에서 처음으로 아래로부터의 봉기에 의해 최고 권력자가 물러난 사건이었습니다. 이승만은 라디오를 통해 하야를 선언했습니다. 미국이 자신을 버렸고 군대도 자신을 따르지 않을 것으로 보이자 더는 권력을 유지하기가 어렵겠다고 판단한 것입니다. 발포 명령을 내렸으면 좀더 권력을 연장할 수 있었을지 몰라도 이미 끝났다는 걸 이승만은 알았습니다. 그럴 만도 한 것이 그의 나이가 워낙 많았습니다. 그래서 시위대도 경무대에서 나와 사저인 이화장으로 가는 이승만을 공격하지 않았고, 그 집 담벼락에 '여생 평안하시라' '할아버지 만세' 이런 글을 붙여놓았습니다. 물론 이런 군중의 반응은 이승만 본인은 선한데 간신배들이 노인 곁에서 여론을 차단하고 자기 이익을 챙기는 바람에 이런 일이 벌어졌고, 나중에서야 학생들이 많이 다쳤고 국민들이 자기를 반대한다는 걸 이승만이 알고는 바로 물러났다는 잘못된 소문이 돌았기 때문이기도 합니다. 일종의 이승만 신화지요. 이화장 앞에 모인 사람들에게 이승만이 평화롭게 손을 흔들고 있는 사

이승만 하야 발표 이후 시위대와 군인이 함께 환호하고 있다.

진도 있습니다.

여기 유명한 사진이 또 있습니다. 이승만 하야 선언 이후 시위대가 만세를 부르는데, 이 가운데 군인들이 섞여 있지요. 군과 민이 하나 되어 혁명의 승리를 기뻐하는 역사적인 사진입니다. 이승만이 하야하는 과정에 대해 전해지는 일화가 있는데, 사실 이승만은 마지막까지 결정을 못 내리고 있었다고 합니다. 그런데 서울을 점령한 계엄군 사단장 조재미가 그전에 시위대 앞에서 마이크를 잡고 이승만 하야를 발표해버렸다는 겁니다. 그렇게 기정사실화되자 이승만도 대통령직을 내려놓게 되었다고 합니다. 이 사진 속 만세 부르는 군인이 바로 사단장 조재미예요. 4·19 당시 시민과 군이 하나가 된 것을 상징하는 사진이죠. 4·19 후에는 조재미 장군의 인기가 아주 좋았죠. 하지만 이 사람은 여순사건* 당시 민간인 학살로 악명을 떨친 인물이기도 합니다. 당시 계엄사령관으로 발포명령을 내리지 않아 좋은 평가를 받았던 송요찬도 한국전쟁 당시에는 민간인 학살의 주역 중 한 사람이에요.

이때 군대가 시민들에게 호감을 얻은 측면이 분명 있다고 생각합니다. 말하자면 점수를 딴 것이죠. 그다음 해에 벌어진 5·16군사반란 과정에서 시민들의 별다른 저항이 없었던 것은 이때 시위대를 진압하지 않고 혁명에 어느정도 동조했던 군대에 대한 신뢰가 있었기 때문이라고 볼 수 있습니다.

시위대는 파고다공원에 서 있던 이승만의 동상을 끌어내려 새끼줄에 묶고 시내를 끌고 다녔습니다. 이승만 동상은 여러 개 있었는데 남산에 있는 높이 25미터의 대형 동상은 워낙 커서 몇달이 지난 8월에야 끌어내렸습니다. 이 동상들은 이승만에 대한 개인숭배가 상당했음을 보여줍니다. 당시 "민족의 태양, 민족의 해와 달"이라는 말이 있었는데, 여기서 해는 이승만, 달은 이기붕을 가리킵니다. 마치 북한에서 김일성을 숭배하듯 이승만 정권도 개인을 숭배하게 했어요. 서울시 이름이 이승만의 호를 따서 우남시가 될 뻔하기도 했습니다. 세종문화회관의 옛 이름은 우남회관이었지요.

이렇게 끌어내린 이승만 동상은 고물상의 손을 거쳐 지

---

* 1948년 10월 19일 전라남도 여수·순천 지역에서 일어난 국방경비대 제14연대 소속 군인들의 반란과 여기에 호응한 좌익계열 시민들의 봉기가 유혈 진압된 사건이다.

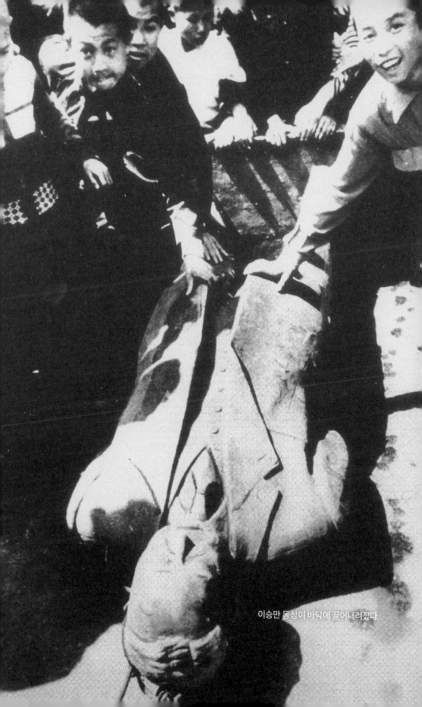

이승만 동상이 바닥에 끌어내려졌다.

금은 어느 개인의 집에 고철로 내팽개쳐져 있지만, 51년 만인 2011년 자유총연맹이 다시 남산 아래에 이승만의 동상을 세웠습니다. 제1공화국 당시만큼 큰 규모는 아니지만, 개탄스러운 일이 아닐 수 없습니다.

미국은 사실 처음부터 이승만을 지지하지 않았습니다. 미군 사령관들은 그를 물러나게 하고 싶어했습니다. 마땅한 대안이 없어서 실행은 못했지만 언제든 이승만을 쫓아낼 준비가 되어 있다는 '에버레디 계획'(Plan Eveready)을 세워놓고 있었습니다. 그들은 이승만으로는 미국이 원하는 안정적인 통치가 어렵다고 봤습니다. 미국이 직접 이승만을 몰아내진 않았지만 결국 그런 미국의 의향을 짐작한 한국군 계엄군이 정권에 동조하지 않음으로써 이승만은 몰락했습니다.

권력자이든 그 권력자를 끌어낸 혁명 세력이든 미국의 존재는 마찬가지로 중요했습니다. 한가지 예를 들어보면, 당시에 미국 장군 맥아더의 동상이 인천 자유공원뿐 아니라 지금 광화문 KT사옥 자리에도 있었습니다. 그런데 4·19혁명의 주역들이 그 맥아더 동상에 꽃다발을 바쳤다는 겁니다. 그때 꽃을 바쳤다던 제 지인 중 하나는 나중에 현대사 공부를 하면서 미국이 우리에게 어떤 의미인지 알고 아주 억울해했습니다. 당시에는 우리가 민주주의를 원하고 불의에 맞서 이승만을 쫓아낸 것이지 미국에 반대하는 것은 아니다, 우리는 공산당과 무관하다는 표현을 하고 싶었던 것이라고 합니다.

광화문 맥아더 동상은 박정희에 의해 철거됐습니다. 박정희가 사실은 친일파인 동시에 민족주의자입니다. 독립운동을 했던 저항 민족주의자는 아니고 일본식 민족주의자인데, 아무리 한국전쟁에서 공을 세운 맥아더라도 서양인 동상이 서울 중심 한복판에 있는 게 싫었던 거예요. 그래서 허물고 대신 광화문 세종로에 이순신 장군을 포함해서 다른 동상을 여러개 세웠습니다.

여기서 4월혁명의 이념지형을 살펴볼 필요가 있습니다. 앞서 말한 대로 2차대전 직후 세계적으로 민족주의에 자극을 받은 군사 쿠데타가 많이 일어났지만, 시민혁명 사례는 4·19가 유일합니다. 세계 현대사로 볼 때도 상당히 의미가 있고 놀라운 혁명이죠. 그로부터 8년 뒤인 1968년에는 68혁명이 전 세계를 휩쓸었습니다. 4·19와 68을 비교해보면 어떨까요? 우선 학생과 다수 시민이 주도한 혁명이라는 공통점이 있습니다. 그러나 68혁명은 대단히 진보적이고 반미적인 성격이 강했습니다. 혁명의 중요한 계기가 미국의 베트남전쟁에 반대하기 위해서였고, 공적인 영역뿐 아니라 일상에서도 권위적인 분위기 타파와 급진적인 평등을 추구했습니다. 그러나 우리 4월혁명은 그렇지 않았습니다. 우리는 다른 나라들보다 앞서 시민혁명을 일으켰지만, 4월혁명은 미완의 혁명으로 남았습니다. 안타깝게도 68혁명이라는 전 세계적인 물결을 겪지는 못했지요.

4월혁명 때 선언문 몇종을 찾아볼까요? 먼저 고려대 학생들의 선언문 일부입니다.

해방 후에는 인간의 자유와 존엄을 사수하기 위하여 멸공 전선의 전위적 대열에 섰으나 오늘은 진정한 민주 이념의 쟁취를 위한 반항의 봉화를 높이 들어야 하겠다.(4월 18일 국회의 사당에서 낭독된 고려대생 선언문 일부)

'멸공전선의 전위적 대열'이라는 말이 눈에 띕니다. 서울대 학생들이 쓴 격문들도 공산주의 독재를 반대하는 것처럼 자유주의 독재에도 항의한다고 말하고 있습니다.

우리는 공산당과의 투쟁에서 피를 흘려온 것처럼 사이비 민주주의 독재를 배격한다.(4월 19일 서울대 각 단과대 게시판에 게시된 격문 일부)

한국의 일천(日淺)한 대학사가 적색(赤色) 전제(專制)에의 과감한 투쟁에 거획(巨劃)을 장(掌)하고 있는데 크나큰 자부를 느끼는 것과 똑같은 논리의 연역에서, 민주주의를 위장한 백색(白色) 전제에의 항의를 가장 높은 영광으로 우리는 자부한다.(4월 19일 서울대 문리대 선언문 일부)

서울대 문리대 선언문은 한자어를 많이 써서 말이 어렵지요. 하지만 위 세가지 선언문은 공통적으로 자신들이 '반공'이라는 사실을 분명히 합니다. 당시 대학가의 이념 지형을 알 수 있는 표현들입니다. 부산 학생 일동 명의로 발표된 「동포에게 호소하는 글」역시 마산에서 벌어진 학생들의 희생을 "왜놈과 공산도배와 싸울 때 흘렸던 학도들의 고귀한 피"라고 표현합니다. 반일투쟁과 6·25전쟁에서의 반공투쟁을 4월혁명의 독재투쟁과 적극 연결시킨 것입니다. 계훈제, 이희호 등 나중에는 이른바 재야인사가 되어 민주화를 위해 투쟁하고 헌신한 인사들 상당수가 이 당시 반공 학생운동 출신인 것까지 고려하면 당시의 강력한 반공의식을 엿볼 수 있습니다.

대통령이 하야한 뒤, 이승만에 의해 지명된 허정을 수반으로 하는 과도정부가 들어섰습니다. 허정은 당시 외무부장관으로 수석 국무위원이었습니다. 대통령, 부통령이 사퇴했기 때문에 다음 순위인 수석 국무위원이 정부를 구성하고 정국을 수습할 권한을 갖게 된 것입니다. 하지만 과도정부의 주요 구성원 대부분이 이승만 정권과 공모한 상황에서 허정 정부가 이승만 체제를 완전히 청산하리라고는 처음부터 기대하기 어려웠습니다. 실제로 허정은 부정선거 원흉이나 부정축재자 처벌에는 미온적이었습니다. 그러나 허정 과도정부에 대한 후대의 평가가 그다지 나쁘지 않은 것은 정치일정을 신속하고 투명하게 진행했기 때문입니다. 이승만 하야 후 약 3개월 사이에 개헌과 7·29총선을 마무리하고 민주당의 장면 내각에 권력을 이양했습니다. 이 점은

1979년 10·26사건 직후 최규하 대통령 대행이 정치일정을 늘려 잡아 신군부의 집권을 사실상 방조한 것과 뚜렷하게 대비됩니다.

이기붕 일가는 결국 자살했다고 알려졌습니다. 일각에서는 경무대장 곽영주가 총을 쏜 것이 아니냐는 의심을 제기하기도 합니다. 계엄군 사단장 조재미도 나중에 인터뷰에서 그런 의혹을 제기한 것을 볼 때 단순 의혹은 아닌 듯한데 정확히는 모르겠습니다. 증거는 부족합니다. 그 직전에 시위대가 이기붕의 집에 가서 가구들을 끌어내고 세간살이를 불태웠는데 사치스러운 물품들이 많이 나왔다고 하죠.

이기붕과 이승만의 관계를 보면 이승만이 자신의 권력을 어떻게 생각했는지 추측해볼 수 있습니다. 이기붕이 국민방위군사건을 잘 처리하고 비서로서 마음에 드는 행동들을 해 이승만의 신임을 얻기도 했지만, 이승만이 전주 이씨 양녕대군파, 이기붕이 같은 성씨 효령대군파라는 점도 둘의 관계에 영향을 끼치지 않았나 싶습니다. 그러니까 태종의 셋째인 세종의 후예들이 이어온 조선왕조가 망가졌으니 '큰집'인 자신과 '작은집'인 이기붕이 힘을 합쳐 조선왕조를 재건해야 한다고 생각했던 것은 아닐까 하는 것이죠. 이기붕의 아들 이강석을 이승만이 양자로 입양한 것도 그런 의미가 있을 수 있지요. 이승만이 일본에서 지내던 마지막 황태자 영친왕을 끝까지 입국시키지 않은 것 역시 그런 생각 때문일 수 있습니다. 사실 이승만은 미국에서 오래 유학했지만 굉장히 완고하고 봉건적인 사고방식을 갖고 있었습니다.

풍수지리를 잘 봐서 국립현충원 자리를 직접 잡기도 했다고 합니다.

5월 29일 이승만은 미국으로 망명해 하와이로 떠났습니다. 이승만 본인과 허정 과도정부, 미국이 적당히 합의한 결과였습니다. 허정 정부는 부정선거와 과잉진압을 조사하고 재판하는 과정에서 결국 이승만을 처벌하지 않을 수 없었을 것입니다. 그런데 그러기는 아무래도 부담스러웠겠죠. 일단 이승만이 80대 후반으로 워낙 고령이고, 어쨌든 대표적인 독립운동가이자 초대 대통령이라는 상징이 있었으니까요. 이승만 본인도 아무 말 없이 짐을 챙겨 하와이로 갔다고 합니다.

다음 표는 4·19와 관련해 처벌 대상이 된 사람들과 처벌 내용을 정리한 것입니다. 주요 인물만 살펴보면, 3·15부정선거를 주도한 내무부장관 최인규는 5·16군사반란 이후 사형당합니다. 치안국장 이강학은 제2공화국 법정에서 사형을 언도받았지만 쿠데타 이후 무기징역으로 감형받고 나중에는 풀려나 준재벌급 기업인으로 변신합니다. 역시 부정선거의 주역이었던 자유당 선거대책위원장 겸 국회부의장 한희석 역시 징역을 살다 금방 나와 기업인이 됩니다. 부정선거를 주도한 자유당 강경파 장경근은 일본으로 도망갔습니다. 발포 사건과 관련해서는 경무대 경찰서장 곽영주가 대표로 사형당했고, 유충렬 서울시경 국장은 1심에서 사형을 받았지만 최종심에서는 징역형을 받고 곧 풀려나 사학재단을 만들었습니다. 법무부장관과 내무부장관을

이름	당시 직책	주요 경력	혐의 내용	처벌 내용
이승만	대통령	대통령	3·15부정선거 총책임	처벌하지 않음 (하야)
이기붕	부통령 당선자	민의원 의장	3·15부정선거 총괄	처벌하지 않음 (자살 추정)
최인규	내무부장관	국회의원, 교통부장관, 내무부장관	3·15부정선거 기획	사형
홍진기	내무부장관	법무부장관, 중앙일보사 사장	서울시내 일원 발포명령	사형 선고 후 석방
이강학	치안국장	고려통상회장	경찰 동원한 부정선거	사형 선고 후 석방
한희석	자유당 선거대책위원장	국회부의장, 진양화학사장	3·15부정선거 기획	사형 선고 후 석방
박용익	자유당 총무위원장	국회의원	불법 선거자금 조달	무기징역 선고 후 석방
장경근	자유당 선거대책위원	내무부장관, 국회의원	3·15부정선거 기획, 경찰 동원	처벌하지 않음 (일본 도주)
임흥순	서울시장	서울시장	부정선거 자금 살포	무기징역 선고 후 석방
곽영주	경무대 경찰서장	경호실장 역할	경무대 앞 발포명령	사형
유충렬	서울시경 국장	충렬학원, 벽성대 설립	경무대 앞 발포 실무책임	사형 선고 후 석방

4·19혁명 관련 주요 혐의자와 처벌 내용

거치며 부정선거와 발포사건에 두루 관여한 혐의로 체포된 홍진기는 1심에서는 사형을 받았는데 나중에 무기징역을 받고 슬그머니 풀려난 뒤 중앙일보사 대표를 지내며 삼성가와 인연을 맺었습니다. 치안국장 조인구는 조봉암을 사형시킨 진보당 사건의 담당 검사였는데, 경무대 앞 발포사건의 책임자로 1심에서 무죄를 받은 뒤 일본으로 도망쳤습니다.

경무대 비서관 박찬일 이야기는 잘 알려져 있지 않은데, 말하자면 이승만 시대 국정농단의 주역입니다. 경무대 '인의 장막'의 실체죠. 진보당 탄압과 『경향신문』 폐간을 막후에서 추진했고, CIA의 보고서를 보면 미국은 박찬일을 '한국의 라스푸틴'이라고 평가했습니다. 흥미로운 것은 제2공화국 민주당 정권에서 눈에 불을 켜고 박찬일의 비위를 잡으려고 했지만 대부분 빠져나가고 비교적 사소한 혐의로 징역 2년 정도만 받고 나왔습니다. 이후 박찬일이 무엇을 했는지는 거의 알려지지 않았는데, IMF사태 때 몰락한 한보그룹의 한보건설 사장으로 있었어요. 한보건설이 중동건설을 통해 한보그룹을 이끌었죠. 이후 행적을 더 조사하면 할 이야기가 많은 흥미로운 인물입니다.

사실 4월혁명 초기에 시위대가 이승만의 하야를 요구한 건 아니었습니다. 부정이 있었으니 선거를 다시 하라는 것이 주된 요구였지요. 만약 선거를 다시 했어도 이승만이 당선될 가능성이 컸을 겁니다. 그때 이승만 정권이 이런 요구를 받아들였다면 혁명까지 이어지진 않았겠지요.

국민들도 이승만 하야 요구가 나오고 단 며칠 만에 진짜 대통령이 물러날 거라고는 생각하지 못해서 당황했습니다. 대통령을 끌어낸 이후에는 어떻게 해야 할지 준비가 안 된 상황에서 세상이 바뀐 것입니다. 때로 역사는 역사를 만드는 사람들이 예상했던 것보다 훨씬 빠르게 진전될 때가 있는데, 1960년 4월이 바로 그런 시기였습니다. 시위에 참여한 사람들은 자신들의 요구를 전파하고 공유하고 숙성할 시간적 여유를 처음부터 갖지 못했습니다. 시위대는 이승만의 하야라는 뜻밖의 성과에 감격했지만, 하야 이후의 상황은 학생들이 주역을 담당했던 시위대가 감당할 수 있는 것이 아니었습니다. 시위대는 이제 무엇을 할지, 수습할 것이냐 혁명을 계속할 것이냐의 갈림길에 섰습니다. 4·19가 선택한 것은 수습이었습니다. '민의와 학도는 승리했다. 시민들이여 기뻐하라! 우리는 승리했다! 모두 질서를 지켜 집으로 돌아갑시다.' 개인적으로는 각성한 집단지성으로 더 많은 것을 이뤄낼 수 있지 않았나 하는 생각에 아쉬움이 크지만, 당시 시위대의 선택은 해산이었습니다.

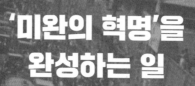

'미완의 혁명'을
완성하는 일

3

7월 총선과 제2공화국

1960년 6월 15일 의원내각제로 개헌된 헌법이 공포되고, 6월 25일 선거법이 개정되어 7월 29일 국회의원 총선거가 진행됐습니다. 사실 1948년 제헌헌법을 만들 때 최초의 정부형태는 대통령중심제가 아닌 내각책임제였습니다. 그러나 이승만의 고집으로 대통령중심제로 갑자기 바뀐 것이지요. 그래서 야당은 늘 내각제 개헌을 주장했고, 이것이 1952년 이승만의 친위 쿠데타인 부산 정치파동의 원인이 되기도 했지요. 당시 개헌은 자유당이 지배하던 4대 국회에서 이뤄졌습니다. 현행 헌법으로 정부통령 선거를 실시해야 한다는 의견도 있었고, 부정선거에 책임이 있고 혁명의 대상이 된 자유당 의원들을 개헌과정에서 배제해야 한다는 논의도 있었지만, 과도정권을 빨리 마무리하고 새 정부를 출범시켜야 한다는 입장에서 4대 국회에서 내각제로 개헌을 한 것이죠.

당시에는 너무도 당연한 것이었지만, 박근혜 대통령 탄핵을 가져온 촛불항쟁과 비교해볼 때 4월혁명에서 높이 평가해야 할 것이 바로 총선을 새로 치른 것입니다. 당시 국회의원 임기가 2년 남아 있는 상황이었는데도 큰 정치적 변화를 반영하기 위해선 총선을 다시 치러야 한다고 판단한 것이죠. 2016~17년 촛불항쟁이 이루지 못한 것입니다. 촛불항쟁은 국회에서 대통령을 탄핵했기 때문에 국회 해산까지 가지 못했죠. 사실 탄핵으로 인한 민의를 제대로 반영하려면 국회를 해산하고 새 국회를 구성해야 했다고 생각합니다. 1987년 6월항쟁 때도 임기가 1년 이상 남은 국회를 해산시킨 바 있습니다.

7월 29일 선거에서 민의원 233석, 참의원 58석으로 총 291명의 국회의원을 선출했습니다. 참의원은 그전에도 헌법상 제도는 있었지만 실제 선거를 치른 것은 처음이었습니다. 결과는 민주당의 압승이었습니다. 그러나 민주당은 득표율 41.7%를 얻었음에도 민의원 175석을 당선시켜 의석의 75%를 차지했습니다. 무소속 후보들은 모두 합치면 민주당보다 많은 46.8%를 득표했으나 의석수는 49석에 그쳤습니다.

민주당은 4월혁명 최대의 수혜자였습니다. 그러나 마산 등 일부 지역에서 민주당 지방간부들이 시위에 적극 참가하기도 했지만, 전체적으로 볼 때 민주당은 혁명이 정점을 향하는 순간에도 별다른 움직임을 보이지 않았습니다. 현장에는 나타나지 않고 상황을 주시할 뿐이었습니다. 민주당은 학생들의 피에 무임승차하여 정권을 잡았지만, 사실 계급적 기반이나 이데올로기 면에서 이승만 정권과 별다른 차별성을 갖지 못했습니다.

혁신계는 '4·19의 피의 혁명을 계승해야 한다는 것'을 명분으로 내걸었지만 이들 역시 4월혁명 과정에서는 아무런 역할을 하지 못했습니다. 혁신계는 한국전쟁 이전 좌파 진영에 관계한 사람들 중 일부 살아남은 자들과 당시의 중도파들이 모인 집단인데, 김구, 여운형, 김규식, 조소앙 등 이들 집단의 지도자가 될 만한 사람들이 모두 암살당하거나 한국전쟁 과정에서 납북됐고, 1956년 조봉암의 지도 아래 잠시 진보당으로 결집했으나 조봉암이 처형되고 당이 해산되면서 뿔뿔이 흩어졌습니다. 4월혁명과 이후 수습 과정에서도 단결하여 민주당의 대안세력으로 자리 잡는 데 실패했습니다.

그럼에도 혁신계는 내심 새로 치러지는 총선에 기대를 많이 했습니다. 민주당이 제1당이 되겠지만 제2당으로서 교섭단체 구성 정도는 문제가 없을 것이라고 보는 분위기였고 언론도 그렇게 예상했습니다. 그러나 혁신계로 분류할 수 있는 사회대중당과 한국사회당, 혁신동지총연맹 세 정당이 획득한 의석수는 민의원, 참의원을 합쳐 8석입니다. 언론은 '혁신계 분열' '사대당(사회대중당) 완패' '완전 분열' '민주당 압도적 대승' '혁신계 전멸' 같은 말로 당시 상황을 표현했습니다. 사실 혁신계가 똘똘 뭉쳐도 힘든데 사회대중당은 완전히 분열됐어요. 부산 같은 지역은 좀 진보적이라는 판단에서 사회대중당이 후보를 3명이나 내는 식이었던 거죠. 혁신계가 입후보한 123개 지역 중 5분의 1에 해당하는 23개 지역구에서 자기들끼리 경쟁했습니다. 아무리 여론이 진보 쪽에 유리하다 해도 그렇게 표가 갈리면 선출되기가 어려웠습니다. 심지어 선출된 경우도 모두 혁신계라서 뽑혔다고 보기는 어렵습니다. 예를 들면 당시 처음 치른 참의원 선거는 지금으로 치면 광역자치단체 단위에서 여러명을 뽑는 대선구제였습니다. 당시 후보 기호는 추첨제라서 1번을 뽑은 사람들이 많이 당선됐는데, 혁신계 참의원 당선자 3명을 보면 2명이 1번을 뽑았고, 나머지 1명은 2번을 뽑았습니다.

혁신계의 분열상은 7·29총선 참패 이후에도 개선되지 않았습니다. 이합집산을 거듭하면서 1960년 가을부터 1961년 1월까지 상대적으로 온건한 통일사회당, 중도적인 혁신당과 사회대중당, 가장 급진적인 사회당까지 4개 정당으로 재편되었습니다. 계속 심한 분열성을 보이며 개별 정당보다는 민족자주통일중앙협의회(민자통)를 중심으로 활동했습니다. 의회 활동에서 별다른 성과를 거두지 못한 혁신계가 통일문제에 집중하게 된 것이지요. 그러나 진보당사건 당시 평화통일 강령이 당의 해산과 조봉암의 죽음을 가져온 것을 생생히 기억하고 있었기에 정작 혁신계 정당의 통일방안은 보수정당과 크게 구별되지 않았습니다.

2004년 노무현 전 대통령 탄핵이 헌법재판소의 기각으로 끝나고 난 다음에 치른 제17대 총선에서 민주노동당이 300석 중 10석을 얻었죠. 그때 언론 등에서 뭐라고 평했는지 기억하십니까? '드디어 진보세력이 의회 내 교두보를 확보했다'고 대서특필했죠. 1960년 선거(291석 중 8석)와 비교해 2석이 늘어났을 뿐인데도요. 그때는 전멸했다고 했는데 이제는 교두보를 확보했다는 걸 보면, 그 40여년 동안 한국사회가 크게 보수화되었음을 알 수 있습니다.

여담이지만 당시 열린우리당의 유시민 의원과 민주노동당의 노회찬 의원이 '지갑 논쟁'을 한 적이 있어요. 서로 상대방이 '지갑을 주운 것'이라고, 그러니까 가진 것 이상으로 덕을 본 것이라고 비판한 것이죠. 당시 제가 그 논쟁에 살짝 가세했는데, 열린우리당은 지갑을 주운 게 아니라 임기 4년 남은 대통령직을 걸고 도박을 해서 딴 것이고, 지갑을 주운 건, 그러니까 덕을 본 쪽은 민주노동당이 맞다, 그런데 민주노동당은 남의 지갑을 주운 게 아니고 44년 전에 잃어버린 자기 지갑을 주운 것이라는 게 제 주장이었습니다. 진보정당의 입지는 한동안 반공태세가 강화되면서 갈수록 더 어려워졌습니다.

총선 후 장면 국무총리를 내각 책임자로 하는 제2공화국이 시작됐습니다. 국회는 개정된 헌법에 따라 간선으로 바뀐 대통령직에 8월 15일 민주당 구파의 윤보선을 선출했습니다. 제2공화국이 도입한 내각책임제는 대통령을 국가수반으로 하지만 국무총리가 내각의 중심에서 실권을 행사하는 체제입니다. 당시 민주당은 구파와 신파가 당 내에서 분파를 형성하고 있었습니다. 구파는 해방 이후 한국민주당을 설립하고 몇번의 부침이 있었지만 그 중심에서 민주당계를 주도하던 세력이고, 신파는 이승만 정권이 유지되는 과정에서 자유당을 탈당하는 등의 계기로 새롭게 합류한 세력으로, 이북 출신, 관료 출신, 천주교 쪽과 관련된 인물들이 많았습니다. 당연히 이때까지는 구파가 민주당의 주류였지요. 그런데 신익희, 조병옥 같은 구파 거물급 지도

1960년 10월 11일, 4월혁명부상자동지회가 민의원 회의장에 쳐들어가 단상을 점령하여
혁명입법과 책임자 처벌을 요구하고 있다.

자가 사라지고 윤보선은 영향력이 크지 않았기 때문에 부통령
을 지냈던 신파 장면이 실권을 가진 총리가 된 것입니다. 민주당
구파는 얼마 안 가 신민당으로 분리됩니다.

　장면 정부가 추진한 정책 중 논란이 된 것이 반공법과 데모
규제법입니다. 당시 민주당의 보수성을 보여주는 사례죠. 오늘
날 더불어민주당은 이 시절에 비하면 체질이 많이 바뀌었지만,
그래도 보수적이라는 비판을 많이 받잖아요? 내부 구성원을 보
면 보수 정당으로 가도 이상하지 않을 성향의 정치인들도 꽤 있
고요. 그런데 4·19 당시 민주당은 어떤 점에서는 이승만 세력보

다 더 보수적이었던 한국민주당의 적통을 계승한 당이었으니 지금보다 훨씬 더 보수적이었습니다. 이 두가지 법령은 혁신계에서 2대 악법으로 규정하는 등 야권 전체가 반대하면서 입법에는 실패했지만 결국 박정희 정권에서 거의 그대로 도입됩니다. 국가보안법을 위반한 자를 알면서도 신고하지 않은 죄를 처벌하는 불고지죄가 처음 국가보안법에 삽입된 것이 바로 당시 민주당 정권 때입니다. 민주당 정권의 보수성을 여실히 보여주는 대목이지요. 그 외에도 한미경제협정 등 경제 관련 정책이 논란이 되면서 민주당에 대한 불만이 높아졌습니다.

한편으로 3·15부정선거와 시위 진압 과정에서 민주 질서를 유린하고 시위대에 발포해 인명을 희생시킨 '원흉'을 처벌하라는 목소리가 높았지만, 민주당 정부는 3·15부정선거와 발포명령자 처벌에 소극적이고 보수적인 태도를 갖고 있었습니다. 정부의 태도가 미온적인데다 10월 8일 법원에서 발포명령자들에게 무죄 또는 가벼운 형벌이 내려지자 분노한 부상자들이 10월 11일 국회를 점거하는 일이 발생합니다. 이 사진은 목발 짚은 4·19 부상자들이 한창 국회 본회의가 진행되고 있는데 난입해서 구호를 외치는 장면입니다.

그럼에도 4·19 이후 몇가지 주목할 만한 움직임이 있었습니다. 먼저 한국전쟁 당시 민간인 학살을 밝히는 작업이 활발하게 이뤄진 것입니다. 전국 곳곳에서 유해수습, 위령제, 유족회 결성 등과 자발적인 민간인 학살 조사가 이뤄진 것은 정말 4·19가 없었다면 일어나기 힘든 일이었지요.

우리말 관용구 중에 '뼈도 못 추린다'는 표현이 있지요. 저는 이 말을 많이 들어왔지만 민간인 학살 현장의 사진을 보고서야 그 의미를 선명하게 깨달았습니다. 한국전쟁 10년 만에 드디어 그 뼈를 추리기 시작한 것입니다. 학살이 심각했던 경상도 지역을 중심으로 민관이 조사와 수습에 참여했고, 국회도 '양민학살사건 특별조사위원회'를 구성해 각지에 조사단을 파견했습니다. 경남 양산에 거주하던 약산 김원봉의 형제와 친척들이 전쟁통에 경북 청도로 끌려가 학살당한 사실이 밝혀지기도 했습니다.

경남 거창은 특히 많은 학살이 벌어졌던 곳입니다. 비극적인 일이 많았는데, 전쟁기에 한 동네 면장은 동네 사람들을 모아놓고 이쪽저쪽 손가락질하며 학살 대상자를 고르기도 했다고 합니다. 학살 이후 유가족들이 그 면장에게 찾아가 항의하는데도 면장은 여전히 좀 뻣뻣하게 나오다가 유가족에 의해 보복

당했습니다. 거적에 말려 구타당하다가 불에 타 죽임을 당했다고 합니다. 아주 끔찍한 일이지요.

물론 유가족이 사적 보복을 행한 것은 잘못된 일입니다. 그러나 이 사례는 우리가 제대로 된 공적 처벌을 해야 하는 이유를 분명하게 보여줍니다. 보복을 막을 수 있는 유일한 길은 가해자를 정당하게 처벌하는 것입니다. 우리가 착각하지 말아야 할 것은, 처벌이 보복이 아니라 보복을 막는 장치라는 점입니다. 처벌이 실패한 사회에서 보복하겠다고 나선 사람에게 뭐라고 말할 수 있을까요. 그렇게 보복한 사람을 잡아서 재판에 넘긴대도 나보다 더 많이 죽인 학살자는 처벌하지 않으면서 왜 자신한테만 잘못했다고 하느냐고 따지지 않겠어요? 학살의 가해자를 처벌하기는커녕 조사도 못하는 이런 악순환이 제주4·3이나 5·18민주화운동에서도 그대로 반복됐습니다.

민간인 학살 조사는 짧은 기간에 상당한 성과를 냈지만, 충분히 이뤄지지 못한 상태에서 5·16군사반란을 맞아 결국 좌절됐습니다. 5·16은 철저한 반공을 표방하며 '용공분자'가 복권되는 것을 용인하지 않았습니다. 오랜 시간이 지나 2005년 진실화해위원회가 설립돼 이 문제를 다루었지만, 민간인 학살의 진실은 아직도 밝혀져야 할 것들이 많습니다. 우리가 4·19를 '미완의 혁명'이라고 할 때 꼭 기억해야 할 사실이겠습니다.

한편 이런 분위기에서 학생운동의 한 분파가 강력하게 통일운동을 전개하기도 했습니다. 4·19 과정에서 독재 타도라는 대의하에 한목소리를 내던 학생운동이 혁명 이후 분화됩니다. 혁명 과정을 주도한 우파 학생운동은 현실에 깊숙이 개입하여 혁명을 이어가는 사업을 하는 대신 학생회 조직을 통해 국민계몽대나 신생활운동 등 계몽운동으로 전환합니다. 혁명에 동참했던 소수 변혁적인 학생운동 집단은 통일운동에 관심을 갖기 시작했습니다. 분단과 남로당 불법화, 한국전쟁, 국가보안법에 의한 탄압, 진보당사건 등을 거치면서 진보적 학생운동 세력이 지리멸렬한 상태가 됐지만, 소수가 명맥을 이어갔던 것이죠.

이때 7·29총선 시기에 해외에서 귀국한 김삼규와 김용중 같은 언론인들은 평소 주장해온 중립화통일론을 국내에 소개했습니다. 또 일부 혁신계 인사들이 남북교류와 남북협상론을 들고 나왔어요. 학생들은 여기에 민감하게 반응했습니다. 특히 신진회(서울대 문리대), 신조회(서울대 법대), 정문회(서울대 문리대), 협진회(고려대) 등 사회과학 써클에서 활동한 학생들은 학생운동의 흐름을 통일운동으로 바꿔나갔습니다. 1960년 11월 1일 서울대 민족통일연맹(이하 민통련) 발기준비대회가 열렸습니다. 민통련은 본격적인 통일운동 단체로서는 처음 출범한 것이고 그 주도층이 4월혁명의 주역들이라 정부와 언론에서 비상한 관심을 보였습니다. 이들은 '이 땅이 뉘 땅인데 오도 가도 못하느냐' '가자 북으로! 오라 남으로! 만나자 판문점에서!' 같은 구호를 외치며 통일운동을 주도했습니다. 여기에 혁신계와 일반 시민들도 참여하면서 통일운동의 분위기가 고조되었습니다.

정부는 11월 2일 열린 각료회의에서 민통련 문제를 논의한 뒤 강경한 대책을 수립하기로 결의했습니다. 민간단체의 통일운동 제안에 정부가 긴급 회의를 연 것이지요. 장면 총리는 2일 담화를 발표하여 중립화 통일은 '공산노예가 되는 제1보'로 매우 위험한 방안이라고 비판했습니다. 정부는 이날 밤 다시 각료회의를 열어 학생들이 제기한 통일방안, 즉 장면 총리가 미국과 소련을 방문하여 양국 지도자와 통일문제를 협의하라는 주장에 대한 대책을 논의했습니다. 서울지검 정보부 역시 회의를 열고 민통련의 성격을 파악하는 등 대책 마련에 고심했는데, 언론은 검사들이 '경악의 빛'을 감추지 못하고 있다고 보도했습니다. 언론도 민통련의 통일방안을 맹비난했습니다. 『동아일보』는 11월 3일자 사설에 「너무도 천진난만한 통일론」이라는 장문을 실어 학생들이 민족통일연맹이라는 단체까지 결성하여 "본무인 학업을 집어치우고 정치에 행동으로써 참여"하는 것에 "아연하지 않을 수 없다"고 썼습니다.

그러나 당시는 통일에 대해 미적지근한 분위기인 오늘날과는 달랐습니다. 좀 보수적인 입장이라 하더라도 분단과 전쟁 과정에서 가족을 잃은 절절한 사연을 가진 당사자들이 워낙 많았습니다. 곧 다시 만나리라 고대했던 가족들과 소식도 제대로 주고받지 못한 게 10년도 넘어버린 거지요. 그 점에서는 대학생처럼 젊은 세대도 마찬가지였습니다. 전쟁 때 어머니와 생이별한 아이가 이제 스무살 대학생이 돼서 통일을 외치는 겁니다. 겉모

습은 대학생이지만 속에는 절절하게 엄마를 부르는 열살짜리 꼬마가 들어 있던 셈이지요. '가자 북으로, 오자 남으로, 만나자 판문점에서!'라는 구호는 지금은 비유적 표현으로 다가오지만 그때는 진짜 서로 오가자는 이야기였던 것입니다.

서울대에 이어 전국 각지의 대학과 몇군데 고등학교에서 민통련이 결성됩니다. 1961년 5월 초까지 모두 18개 대학교에 민통련과 유사한 학생통일운동 단체들이 조직되었습니다. 청년학생들은 재야의 민자통과 협력하면서 한편으로는 통일운동을, 다른 한편으로는 2대 악법 저지투쟁과 한미경제협정 반대투쟁을 벌여나갔습니다. 이제 4월혁명의 과제는 일반민주주의의 실현에 국한되지 않고 민족통일, 민족자주, 자립경제에 대한 지향을 뚜렷이 보이기 시작했습니다. 아직 이념적 심화는 없었다 해도 그 씨앗은 훌륭히 보인 것입니다.

민주화운동 이후 운동의 관심이 통일로 나아간 사례는 우리 민주화운동사에서 몇번 더 반복됩니다. 반민주/독재 세력에 의해서 통일논의가 차단됐다가 민주화운동을 통해 민주주의가 회복된 이후에는 통일의 지평이 보이는 것이죠. 6월항쟁 이후 1988년에도 통일 문제가 민간 주도로 활발히 논의됐고, 촛불항쟁 후에도 정부 주도로 남북관계를 변화시키고자 하는 적극적 노력이 있었잖아요. 4·19 당시 정부는 민간에서 활발히 벌이는 통일운동을 1988년 이상으로 강력하게 막아섰습니다. 그만큼 폭발력이 컸다는 증거입니다. 그러나 학생들은 학내에서 토론회를 개최하는 등 행동을 멈추지 않았습니다. 이 토론회에는 학생들뿐 아니라 통일문제에 반응한 일반인들도 많이 참석했고, 전 국무총리를 포함해 유명 인사들도 자리하는 등 반응이 뜨거웠는데, 그만큼 학생들의 영향력과 교섭력이 강했던 것입니다.

통일문제는 일약 정계의 뜨거운 이슈가 되었습니다. 배후에 불순한 세력이 있다는 공격을 받고 학생들이 한발 물러서자 이번엔 혁신계가 민족통일협의회를 만들어 논의를 이어갔습니다. 반공 진영에서는 국민반공계몽단을 만들어서 '공산간첩의 준동'이라고 반격을 가했습니다.

1961년 5월 5일에는 전국 대학의 민통련이 연합해 민족통일전국학생연맹(이하 민통전학련)을 결성합니다. 민통전학련은 출범 자리에서 남북학생회담을 제의하는 공동결의문을 발표했습니다. 여기에 북한이 환영 의사를 표하면서 서울과 평양에서 남북학생회담을 개최한다는 공식성명을 발표하기에 이르렀습니다. 5월 13일 동대문 서울운동장에서 남북학생회담 환영 궐기대회가 열리는데, 여기서 바로 '가자 북으로, 오라 남으로, 만나자 판문점에서'라는 구호가 내걸렸습니다.

이렇게 학생들과 정부가 대립하면서 기대와 긴장이 동시에 고조되던 통일운동은 한순간 허망하게 끝나버립니다. 5·16군사 반란이 터진 것입니다. 당연히 회담은 성사되지 못했지요.

생각해봅시다. 통일문제가 이렇게 부각되는데 진짜 통일되면 어쩌지 하고 걱정하던 사람들은 누구였을까요? 첫번째가 친일파였습니다. 분단 덕분에 겨우 살아남았는데 통일이 되면 다시 친일파 청산이 가장 첨예한 문제로 제기되었던 해방정국으로 돌아갈 것이 뻔하지 않겠습니까? 이처럼 통일은 친일파들의 생존 조건을 파괴하는 일이었습니다. 그다음에 통일을 싫어한 사람들은 직업군인입니다. 당시 군에는 인사적체 문제가 심각했습니다. 한국전쟁에서 활약하고 '운이 좋았던' 사람들은 30대 초중반에 장군이 돼서 그 뒤로도 군에서 최고 지위를 유지해왔습니다. 전쟁 이후 10년도 안 됐을 때니 그들의 퇴임도 한참 남은 상황이었죠. 예를 들면 당시 육군참모총장 장도영 중장이 1923년생이었습니다. 1961년 기준으로 38세였죠. 이에 비해 5·16군사반란 핵심세력 김종필은 1926년생으로 35세인데 아직 중령이었죠. 나이는 3살 차이인데 계급은 한참 차이가 났어요. 그런데 통일이 되면 군대는 오히려 축소될 테니 반가울 리가 없었습니다. 이렇게 친일파와 군대가 통일을 원치 않았는데, 그렇다면 가장 통일을 바라지 않은 건 과연 누구였을까요? 바로 군대에 있는 친일파겠죠. 조금 단순화시켜서 이야기한다면 군대 내 친일파가 반란을 일으킨 것이 5·16입니다.

4·19와 5·16

1961년 5월 16일 새벽, 육군 소장 박정희 등이 군사반란을 일으켜 정권을 장악했습니다. 4월혁명으로 수립된 장면 내각은 붕괴되었으며, 4월혁명의 정신을 민족 자주와 통일로까지 확대하려던 청년·학생들은 투옥되었습니다.

1960년 4월혁명에서 1987년 6월항쟁까지 한 세대 동안의 한국현대사를 민주화운동과 군사독재의 대결, 또는 군대와 학생의 격돌로 파악한다면, 분명 민주화운동의 출발점은 4월혁명, 군사독재의 출발점은 5·16입니다. 민주화운동의 입장에서 볼 때 5·16은 4월혁명을 짓밟은 것으로 볼 수 있습니다. 그러나 1960년대 초반의 시점으로 돌아가보면 상황은 그리 간단하지 않습니다.

4월혁명에 적극 참여했던 세력들 중에는 당시 5·16을 지지하거나 유보적 태도를 보인 사람들이 상당히 많았습니다. 지금의 눈으로 보면 의아한 일이지요. 군사정권이 통일운동에 앞장선 진보적인 학생운동 그룹을 대대적으로 검거했음에도 많은 학생과 지식인들이 군사정권에 대해 기대를 걸었습니다. 심지어 4월혁명 단체나 학생들 중에 5·16을 공개적으로 지지하는 경우도 다수 나타났습니다. 성균관대, 경희대, 서울대가 총학생회 명의로 '군사혁명'을 지지하는 성명을 발표합니다. 그리고 뒤에 대표적인 재야민주인사로 반유신운동의 선봉에 섰다가 의문사를 당한 『사상계』 발행인 장준하 선생도 처음에는 "4·19혁명이 민주주의 혁명이었다면 5·16혁명은 민족주의적 군사혁명"이라며 5·16을 지지했고, 재건운동본부에 참여하기도 했습니다. 민주당 등 구 정치인에 실망한 데 더해 5·16군사반란에 민족적·민중적 측면이 있다고 판단했기 때문일 것입니다.

1950년대에 이집트, 미얀마(당시 버마), 이라크 등 제3세계에서 일어난 군사 쿠데타는 민족주의적이면서도 개혁적인 성격을 강하게 띠고 있었습니다. 그 지역에서 군부는 신식 교육을 가장 많이 받고, 과학기술 문물과 근대적인 조직을 운영해본 경험을 지닌 선진적인 집단이었습니다. 한편 시민사회의 발전은 제국주의 식민통치를 받은 모든 제3세계 국가에서 더뎠는데, 그나마 빠르게 성장한 집단이 학생이었습니다. 말하자면 국가기구로는 군대, 시민사회에서는 학생이 가장 근대적인 집단이었던 것이죠.

이런 배경에서 5·16 직후 그 주역들의 화려한 민족주의적 언술과 박정희의 좌익 전력에 대한 한가닥 기대 때문에 상당수의 학생들과 일부 지식인들이 5·16에 일말의 기대를 걸었습니다. 근대화와 민족주의를 추구했다는 점에서 4·19와 5·16이 약간의 공통점을 갖고 있다고 할 수 있을 것입니다. 그러나 민주주의 관점에서 두 사건은 화해할 수 없는 모순이 있다는 것을 이제 우리는 잘 알고 있습니다. 게다가 한국의 군부는 다른 제3세계의 군부와는 달리 제국주의가 키운 일본군과 만주군 출신들이 주류를 형성했고, 미국에게 작전지휘권을 이양해 자주적 성격을 결여하고 있었습니다. 5·16 세력이 비록 민족주의적 언사를 내걸었지만, 이런 태생적인 한계를 극복할 수는 없었습니다.

그럼에도 박정희는 5·16이 4·19를 계승한 것이라고 강력히 주장했습니다. 5·16 이후 첫번째 4·19 기념일인 1962년 기념식에서 당시 국가재건최고회의 의장이었던 박정희는 4·19를 '혁명' 대신 '의거'라고 부르며 이렇게 주장했습니다. "4·19의거는 주체 세력과 조직이 없음으로 해서 그 정신을 구현하지 못한 채 민주주의를 가장한 새로운 부패세력에 횡취된 것은 참으로 애석한 일이었다. (…) 5·16혁명은 4·19의거의 연장이며 조국을 위기에서 구출하고 멸공과 민주수호로서 국가를 재생하기 위한 긴급한 비상조치였던 것이다." 박정희는 이같은 시각을 밀고나가 제3공화국 헌법전문에 "유구한 역사와 전통에 빛나는 우리 대한국민은 3·1운동의 숭고한 독립정신을 계승하고 4·19의거와 5·16혁명의 이념에 입각하여 새로운 민주공화국을 건설함에 있어서"라고 명시했습니다. 이를 통해 쿠데타의 정당성을 얻으려 한 것입니다.

그러나 1962년 4월혁명 2주년을 맞이하여 연세대 내 학보가 연세대생과 이화여대생을 대상으로 실시한 설문조사는 5·16을 4·19의 계승으로 보는 학생이 소수(17.7%)에 지나지 않았다는 것을 보여줍니다.* 시간이 지나면서 학생들의 절대다수가 군사정권의 논리를 받아들이지 않게 된 것입니다. 특히 4·19의 민족적·민중적 과제를 계속 추구했던 진보적 학생운동 세력은 이런 논리를 단호히 거부했습니다.

일례로 1964년 5월 18일 서울대 문리대 정치학회 주최로 개최된 정치사상강연회에는 이효상 국회의장, 김도연 자민당 최고위원, 김성식 고려대 교수, 이항녕 고려대 교수, 선우휘 『조선일보』편집국장, 학생운동 지도자인 서울대 정치학과 4학년 김도현 등이 연사로 나왔는데, 대부분 '5·16은 4·19의 계승인가'를 주제로 강연했습니다. 이때 연사들은 한결같이 두 사건은 계승관계가 아니라며 군정 3년의 실정을 규탄했습니다. 특히 저명한 소설가로 뒤에 『조선일보』의 극우화를 주도한 선우휘는 "공산주의가 자본주의를 온상으로 하여 생겨났으나 공산주의도 자본주의의 계승이라고 하지 않는 것처럼 5·16도 4·19의 계승이라고 자처하고 있으나 그동안의 경과로 보아 이의 계승이라 할 수 없다"고 못 박았습니다. 이항녕도 5·16 주체들이 "내세운 공약상으로 볼 때 4·19와 근사점을 발견할 수 있었으나" 이들이 공약을 지키지도 않았고 비민주적인 정치행태를 보였다는 점에서 계승일 수 없다고 주장했습니다.

이 토론회 이틀 뒤에 서울대 문리대 운동장에서 한일굴욕외교반대 학생총연합회 주최로 열린 '민족적 민주주의 장례식'

* 『연세춘추』 1962. 4. 16, 『한국민주화운동사』 368~69면에서 재인용.

에서 학생들은 "4월 학생의 참다운 가치성은 반외압세력·반매판·반봉건에 있으며, 민족·민주의 참된 길로 나가기 위한 도정이었다. 5월 군부쿠데타는 이러한 민족·민주 이념에 대한 정면적인 도전이었으며 노골적인 대중탄압의 시작"이었다고 선언했습니다. 시인 김지하가 이 장례식에서 박정희 정권을 신랄하게 풍자한 「민족적 민주주의 장례식의 조사」는 유명합니다. 당시 중앙정보부장이었던 김형욱은 "시체여! 너는 이미 오래전에 죽었다. 죽어서 썩어가고 있었다"로 시작하는 이 글을 읽었을 때의 기억을 두고 "난 숨이 막혀 더이상 읽을 수 없었다. 나는 그 이전에도 아니 그 이후에도 이것만큼 통렬하게 5·16 혁명정부를 비판한 글을 읽어본 적이 없었다"라고 회고했습니다.*

1964년 박정희 군사정권이 한일회담을 본격적으로 추진하자 학생들은 굴욕외교 반대를 외치며 거리로 뛰쳐나왔습니다. 이제 학생운동의 주류는 물론이고 대다수 일반 학생들도 더이상 박정희 정권의 민족주의적 언술에 기대를 걸지 않았습니다. 박정희 정권이 계엄령을 선포하고 한일회담반대 학생시위의 지도자들을 내란음모죄로 탄압하면서 학생들과 군사정권은 탐색전을 마치고 긴 대결의 여정을 시작하게 됩니다.

* 김형욱 『혁명과 우상 2』, 성도문화사 1989, 116~17면.

4월혁명의 기억과 유산

4·19는 이후 우리 사회와 민주주의 역사에서 어떤 의미를 지녔을까요? 4·19 당시와 이후에 창작된 문학작품 중에 4월혁명을 다룬 경우가 많이 있습니다. 앞서 읽었던 초등학생 강명희의 시도 절절한 울림을 주고, 특히 저희 세대는 이영도 시인의 시 「진달래」를 노래로 만든 민중가요를 많이 불렀지요.

눈이 부시네
저기 난만히 멧등마다

그날 쓰러져간
젊음 같은 꽃사태가

맺혔던 한이 터지듯
여울여울 붉었네

그렇듯 너희는 가고
욕처럼 남은 목숨

지친 가슴 위엔

하늘이 무거운데

연연히 꿈도 설워라

물이 드는 이 산하

—이영도 「진달래: 다시 4.19날에」

신동엽 시인이 1967년에 발표한 시 「껍데기는 가라」도 유명합니다. "껍데기는 가라!" 4월혁명 7년 뒤에 세상에 나온 이 시는 4·19의 정신을 간절하게 이어받으려는 심정과 함께 시간에 의해 녹슨 마음들을 '껍데기'로 표현하고 있습니다. 사실 이 시는 저희 세대에게 아주 뼈아픈 내용입니다. 4월혁명의 주역들이 정말 껍데기가 되어가는 걸 봤거든요.

신동엽과 함께 1960년대를 대표하는 민족시인 김수영 역시 4·19에 크게 고무되어 길이 남을 작품들을 썼습니다. 신동엽과 김수영은 자주 비교되곤 하지요. 두 시인은 비슷한 점도 있지만 작품 세계가 서로 달랐습니다. 신동엽이 민속적이고 토속적이라면 김수영은 영문학을 전공한 세련된 모더니스트였지요. 그런데 결국은 역사 속에서 두 시인의 시 세계가 만납니다. 김수영이 4·19 직후에 쓴 「우선 그놈의 사진을 떼어서 밑씻개로 하자」도 유명하지만 개인적으로는 「그 방을 생각하며」(1960년 10월 탈고)가 울림이 큽니다.

혁명은 안 되고 나는 방만 바꾸어버렸다
그 방의 벽에는 싸우라 싸우라 싸우라는 말이
헛소리처럼 아직도 어둠을 지키고 있을 것이다

나는 모든 노래를 그 방에 함께 남기고 왔을 게다
그렇듯 이제 나의 가슴은 이유 없이 메말랐다
그 방의 벽은 나의 가슴이고 나의 사지(四肢)일까
일하라 일하라 일하라는 말이
헛소리처럼 아직도 나의 가슴을 울리고 있지만
나는 그 노래도 그 전의 노래도 함께 다 잊어버리고 말았다

혁명은 안 되고 나는 방만 바꾸어버렸다
나는 인제 녹슬은 펜과 뼈와 광기—
실망의 가벼움을 재산으로 삼을 줄 안다
이 가벼움 혹시나 역사일지도 모르는
이 가벼움을 나는 나의 재산으로 삼았다

혁명은 안 되고 나는 방만 바꾸었지만
나의 입속에는 달콤한 의지의 잔재 대신에
다시 쓰디쓴 담뱃진 냄새만 되살아났지만

방을 잃고 낙서(落書)를 잃고 기대를 잃고
노래를 잃고 가벼움마저 잃어도

이제 나는 무엇인지 모르게 기쁘고
나의 가슴은 이유 없이 풍성하다

—「그 방을 생각하며」 전문

혁명 직후의 갈망과 괴로움, 희망을 생생하게 노래한 작품입니다. 김수영이 비슷한 시기에 쓴 또다른 작품 「"김일성 만세"」는 당시에 발표되지 않았다가 40년쯤 지난 뒤 유족에 의해 공개되어 화제가 됐어요. '김일성 만세' 구호를 용인하라는 내용인데, 지금 봐도 과감한 얘기지요. 시인 조지훈과 술 먹고 쓴 시라고 전해집니다. 조지훈은 대표적인 우파 민족주의자 시인이라 반공정서가 강했는데, 김수영과 술 먹다가 시비가 붙은 거죠. 이시를 보면 오늘날 자유정신이 당시보다 더 후퇴한 것 같다는 생각도 듭니다.

4월혁명은 주체역량이 성숙되지 않은 상태에서 정권교체라는 거대한 성과를 거두었습니다. 4월혁명 참가자들은 많은 사람들이 눈앞에서 피 흘리며 쓰러지고, 권력자의 집과 신문사에 불을 놓고, 동상을 쓰러뜨려 끌고 다니고, 탱크 위에 올라서는 등 충격적인 경험과 짜릿한 해방감을 온몸으로 겪었죠. 그러나 그 해방감은 4월혁명의 근본정신을 계승할 의지가 부족했던 민주당 정권에 의해 마모되었고, 민주주의를 부인한 5·16군사반란에 의해 파괴되었습니다. 그러나 수많은 사람들의 몸에 각인된 혁명의 기억은 쉽게 지워지지 않았습니다.

1963년 말, 박정희는 5대 대통령에 취임하면서 선거로 선출된 민간정부의 수장이 되었습니다. 그는 민간 대통령으로서 멋있는 출발을 기대했겠지만, 앞길이 순탄치는 않았어요. 학생들은 박정희가 야심차게 추진한 한일회담을 극히 비판적인 시각에서 바라봤습니다. 학생들은 '굴욕외교 반대'를 외치며 거리로 뛰쳐나왔습니다. 3월 24일 처음 거리로 뛰쳐나온 대학생들의 격렬한 투쟁은 새롭게 출발한 정권을 존망의 위기로 몰아넣었고, 더이상 경찰력으로 학생시위를 막을 수 없게 되자 박정희는 6월 3일 계엄령을 선포합니다.

6·3시위 당시 학생들은 4월혁명과 같은 기적이 다시 한번 발생하기를 기대했다고 할 수 있습니다. 이른바 6·3세대라 불리는 사람들은 4월혁명 당시 대개 고등학생이었고, 이들은 혁명을 촉발한 실질적인 주역이었죠. 이들은 4·19의 실패와 좌절이 빚어낸 어떤 저항적인 힘을 간직하고 있었습니다. 이제 대학생이 된 이들은 학생시위가 일반 시민의 가세로 새로운 차원으로 발전됐던 것을 떠올리며 거리로 나왔습니다. 처음에는 굴욕외교 반대 차원에 머물렀던 시위대의 구호는 박정희 하야로 발전했습니다. 정부는 계엄령을 선포했지만, 4·19 당시 발포했다가 정권을 내주고 발포책임자가 사형까지 당한 스산한 기억 때문에 시

위대에 발포하려 하지는 않았습니다. 그 대신 시위 주동자들에게 내란음모 혐의를 적용했습니다. 학생시위에 내란음모죄를 적용하는 과잉대응은 대학생들의 가두시위가 정권교체를 초래한 경험이 없었다면 나오지 않았을 것입니다. 1965년 다시 한일회담 반대 시위가 거세게 일어나자, 치안국장 박영수는 "학생 데모의 뿌리를 뽑겠다"며 시위자들에게 내란선동죄를 적용하라고 전국경찰에 긴급 지시했습니다. 이후 박정희 정권은 본격적으로 반정부 활동가들에게 내란혐의를 적용했습니다.

6·3시위는 1979년 부마항쟁을 제외하고는 규모 면에서 학생 세력과 박정희 군사정권이 최대로 격돌한 사건입니다. 하지만 군사정권은 이를 무시하고 결국 협정을 체결했고, 투쟁은 차츰 동력을 잃게 됐습니다. 이 사건 이후 박정희 정권은 중앙정보부와 경찰의 강력한 학원사찰과 군인 신분인 전투경찰을 치안에 투입하는 위헌적인 조치 등으로 학생시위 공간을 점차 축소시켜나갔습니다. 1967년의 6·8부정선거 규탄 시위, 1969년의 3선개헌 반대 시위, 1971년의 교련 반대 시위 등에서 가두시위가 이뤄졌지만 학생들은 4·19나 6·3 때와 같이 각 대학이 연합해 도심으로 진출하지는 못하고 교문을 나와 학교 부근에서 시위를 벌이는 것으로 만족해야 했습니다. 날이 갈수록 학생들의 교문 돌파도 어려워지더니, 유신하에서는 학내 집회나 시위조차 금지되었습니다. 사복경찰들이 캠퍼스 곳곳에 배치되었고, 로마 병정과 같이 무장한 전투경찰이 교정에 버스를 대놓고 상

주했습니다. 교내 시위조차 어려워진 상황에서 1978년 여러 대학의 학생 1,000여명이 광화문 세종문화회관 앞에서 미리 예고된 연합시위를 벌이다가 70여명이 연행되고 20명이 구속되며 해산되기도 했습니다. 근 10년 만의 시내 시위였지만 그 의미나 동력은 4·19나 6·3과는 크게 달랐죠.

정권의 폭압 아래 학생운동의 공간이 줄어들면서 4월혁명의 공간도 위축되어갔습니다. 1975년 서울대가 종합화 명목으로 관악캠퍼스로 통합 이전하면서 서울 동숭동 문리대 교정에 있던 4·19기념탑은 외진 구석으로 옮겨졌습니다. 유신 치하에서도 정부는 4·19 '의거' 기념식을 치렀지만, 4·19의 이름으로 처벌되거나 비판받아야 할 자들이 주관하는 기념식에 진정으로 4·19를 기리고자 하는 학생들은 아무도 참석하지 않았습니다.

1970년대 후반쯤 되면 4·19는 머나먼 기억의 저편으로 아스라이 사라져갔습니다. 사실 학생들이 4·19에 대해 공부하고자 해도 읽을 만한 책이 변변히 없었습니다. 4·19는 무려 헌법에 명기되어 있었고 4월 19일이 국가지정 기념일이었지만, 1970년대에는 4·19에 대한 글을 찾아보기 어려웠습니다. 1970년대에 나온 유일한 4·19 관련 간행물은 4월혁명 10주년을 맞이해 4월혁명 10주년 기념 세미나 보고서 편찬위원회 명의로 나온 『4월혁명의 주체적 평가: 4월혁명 10주년 기념논총』인데, 이마저도 4·19세대 중 박정희 체제 참여파들이 자신들의 입장을 합리화하는 방향에서 정리한 것이었습니다. 전두환 정권 때 민주정의당 국회의원이 되는 이영일 등은 이 세미나에서 "4·19와 5·16의 두 혁명은 서로 반동관계에 있는 것이 아니라 상관관계에 있으므로 공통의 역사적 연면성에서 이해되어야 한다는 것이 오늘의 정사(正史)적 견해"라고 주장했습니다. 김수영과 신동엽이 각각 1968년과 1969년에 세상을 떠난 뒤, 1970년대의 학생들은 새로이 창작되는 작품을 통해 4월의 감격을 만나지도 못했습니다.

대학에서 학생들이 독자적으로 4·19 행사를 여는 것조차 금지되기 일쑤였던 1970년대 후반에 4·19의 기억은 어떤 의미에서 서울 수유리 4·19묘지에 갇혀 있었습니다. 4·19 무렵이 되면 이념서클에 속한 학생들이 선배를 따라 삼삼오오 4·19묘지를 찾았습니다. 매년 4월 18일 고려대 학생들이 학교에서 4·19묘지까지를 왕복하는 마라톤 행사가 정권의 기념식을 제외하면 서울에서 정례화된 거의 유일한 4·19기념행사였습니다. 해마다 4월은 돌아오고 학생들은 4·19를 그냥 보내서는 안 된다는 책임감을 느꼈지만, 딱히 무엇을 해야 할지도 몰랐고, 딱히 무언가 할 일도 없었습니다. 고등학교에서는 4·19에 대한 기억조차 완벽하게 사라졌습니다.

1970년대 후반 이후 학생운동이 이념적으로 더 급진화되고 조직적으로는 더 내밀해지자 4·19는 재현하거나 계승해야 할 모범이 아니라 치열하게 극복해야 할 대상으로 변해갔습니다. 널리 알려진 4·19세대 간판스타들의 모습은 이런 경향을 가중시켰습니다. 1978년 박정희는 제3기 유신정우회 의원을 임명하면서 4·19세대의 윤식, 이종률, 이성근, 조흥래, 김충수 등을 포함시켰는데, 유신 선포로 민주주의를 압살한 박정희로서는 4·19세대의 간판들을 끌어들여 정통성 부재를 덜려고 했을 겁니다. 아무튼 4·19세대 간판스타들의 '변절'은 젊은 학생들에게 실망감을 안겨주는 동시에 4·19를 극복의 대상으로 삼게 만들었습니다.

그러나 유신의 품에 안긴 이들의 행태를 꼭 변절이나 4·19에 대한 배반으로 보아야 할지는 조금 생각해볼 문제예요. 왜냐하면 4월혁명 자체가 이념적 정체성을 숙성시키지 못했고, 일부 학생들은 일찍부터 4·19 경력을 출세나 정계 진출을 위한 훈장처럼 이용해왔기 때문이죠. 그리고 살펴봤듯 박정희 체제에 참여해야 한다고 주장한 4·19세대는 쿠데타 초기부터 있었습니다. 이들은 5·16이 4·19의 연장이라는 논리를 받아들였는데, 이런 입장을 가진 안병규, 윤식, 이영일, 황활원 등과 같은 이들은 6·3사태 당시부터 시위를 그만둘 것을 학생사회에 호소하고 나서기도 했습니다. 『사상계』 편집장이던 황활원은 "정부 비판에 열을 올리는 것은 잡지 언론의 할 바가 아니라는 명분을 내세워 당시 『사상계』 사장 부완혁과 충돌"하고 『사상계』 업무를 그만두기도 했습니다.* 1972년 10월 박정희가 유신 쿠데타를 감행하고 난 뒤에는 4·19 당시 각 대학에서 시위를 주도한 사람 중

---

* 다까자끼 소우지(高崎宗司) 「4·19세대의 20년」, 한완상 외 『4·19혁명론I』, 일월서각 1983, 366면.

45명이 "새로운 민주주의의 토착화가 4·19세대가 촉구해온" 주요한 과제였다면서 "새 역사 창조의 장엄한 대열에 불퇴전의 결의로 흔쾌히 참여하자"며 유신 지지를 선언했습니다. 4·19세대 중 유신과 5공화국 시절 정부 여당이 가담하여 국회의원이나 정부고위직을 지낸 주요인사는 수십명에 달했습니다. 이들은 처음부터 사회변혁의 기수였다기보다는 예비 엘리트였고, 체제가 자신에게 부여한 역할을 기꺼이 수행하면서 체제 수호자로 변모해갔습니다. 그래도 4·19를 가슴에 품은 시민, 지식인 학생들은 최소한 저렇게 살지는 말아야겠다고 다짐했습니다.

4·19의 주역 중 시대와 더불어 자기 자신을 변화시켜가면서 민주화운동에 동참했던 사람들도 물론 있습니다. 1975년 『동아일보』와 『조선일보』 등에서 해직된 언론인들이 만든 '자유언론수호투쟁위원회'에 참여한 이들처럼 변화하는 사회 속에서 민주화운동의 새로운 영역을 구축해간 사람들도 있습니다. 반면 세월이 흐르면서 4·19 당시 "기성세대 물러가라"를 외쳤던 수많은 평범한 4·19세대들은 스스로 기성세대에 편입했죠. 유신 말기인 1979년에 나온 김광규의 「희미한 옛사랑의 그림자」는 그런 부끄러움을 노래한 절창입니다.

4·19가 나던 해 세밑
우리는 오후 다섯시에 만나
반갑게 악수를 나누고

불도 없는 차가운 방에 앉아

하얀 입김 뿜으며

열띤 토론을 벌였다

어리석게도 우리는 무엇인가를

정치와는 전혀 관계 없는 무엇인가를

위해서 살리라 믿었던 것이다

결론 없는 모임을 끝낸 밤

혜화동 로터리에서 대포를 마시며

사랑과 아르바이트와 병역 문제 때문에

우리는 때묻지 않은 고민을 했고

아무도 귀 기울이지 않는 노래를

누구도 흉내낼 수 없는 노래를

저마다 목청껏 불렀다

돈을 받지 않고 부르는 노래는

겨울밤 하늘로 올라가

별똥별이 되어 떨어졌다

그로부터 18년 오랜만에

우리는 모두 무엇인가가 되어

혁명이 두려운 기성세대가 되어

넥타이를 매고 다시 모였다

회비를 만원씩 걷고

처자식들의 안부를 나누고

월급이 얼마인가 서로 물었다

─「희미한 옛사랑의 그림자」 부분

이 작품은 4·19세대인 김광규 시인이 겨우 19년 뒤에 "우리
는 모두 무엇인가가 되어/혁명이 두려운 기성세대가 되어"버린
상황에서 "즐겁게 세상을 개탄"하는 자신들에게 "부끄럽지 않은
가"라는 질문을 던지는 시입니다. 이렇게 대비되는 삶의 갈래들
을 보면, 오랫동안 사람을 지탱하는 힘은 어떤 거대한 원칙 같은
것보다도 부끄러움에서 나오는 것 아닌가 싶습니다. 그리고 그
게 중요한 것 같아요. 저는 4·19세대, 5·18민주화운동 세대, 6월
항쟁 세대, 촛불집회 세대가 이런 부끄러움을 가지고 함께 늙어
가다가 민주주의의 위기가 있을 때 다시 만나는 장면을 꿈꿔보
곤 합니다.

너무 큰 바람일까요? 지금 4·19세대의 대다수는 태극기집
회에서 만날 수 있어요. 역사의 발전을 함께하지 못했습니다. 그
리고 광주가 만들어낸 386세대는 지금 기득권 세력이 되어 젊
은이들의 지탄과 조롱을 받게 되었고요. 그러나 4월과 5월과
6월의 정신은 어떤 식으로든 젊은 세대에게 이어질 수 있을 것
입니다.

4월에서 5월로, 5월에서 6월로

1979년 10월 26일 박정희가 살해됐습니다. 당시 박정희 정권의 실정에 분노한 대규모 시위가 부산에서 시작돼 마산까지 확대된 상황이었습니다. 바로 부마항쟁입니다. 박정희에게 총을 쏜 김재규는 법정에서 자신이 부마항쟁의 현장을 직접 보고 온건한 시국수습 방안을 대통령에게 건의했으나 박정희와 경호실장 차지철이 유혈사태를 불사하는 강경한 대응의 뜻을 내비쳤다고 증언했습니다. 그러면서 박정희가 4·19를 언급했다고 말했습니다.

박대통령은 버럭 화를 내더니 앞으로 '부산 같은 사태가 생기면 이제는 내가 직접 발포명령을 내리겠다. 자유당 때는 최인규나 곽영주가 발포명령을 하여 사형을 당하였지만 내가 직접 발포명령을 하면 대통령인 나를 누가 사형하겠느냐'고 역정을 내셨고, 같은 자리에 있던 차실장은 이 말 끝에 '캄보디아에서는 300만명을 죽이고도 까딱없었는데 우리도 데모대원 1, 2백만명 정도 죽인다고 까딱 있겠습니까' 하는 무시무시한 말들을 함부로 하는 것이었습니다. 그런데 박대통령의 이와 같은 반응은 절대로 말만에 그치는 것이 아니라는 것이 본인의 판단이었습니다. 박대통령은 누구보다도 본인이 잘 압니다. (…) 이승만 대통령과 여러모로 비교도 하여 보았지만 박대통령은 이박사와는 달라서 물러설 줄을 모르고 어떠한 저항이 있더라도 기필코 방어해내고 말 분입니다. 4·19와 같은 사태가 오면 국민과 정부 사이에 치열한 공방전이 벌어질 것은 분명하고 그렇게 되면 얼마나 많은 국민이 희생될 것인지 상상하기에 어렵지 아니한 일이었습니다. 그런데 4·19와 같은 사태는 눈앞에 다가왔고 아니 부산에게 이미 4·19와 같은 사태는 벌어지고 있었습니다. (김재규 항소이유보충서 중에서)

부마항쟁 당시 마산에서 일부 학생들이 3·15와 4·19로 상징되는 마산의 역사적 전통을 자각하고 운동에 나선 것처럼, 독재권력도 자기 식으로 4·19의 교훈을 되새기고 있었던 것입니다.

박정희가 죽은 뒤 첫번째 4·19 기념일인 1980년 4월 19일은 마침 20주년이었습니다. 대학가에서는 민주주의 발전의 계기를 다시 맞아 미완의 혁명인 4·19를 완수할 좋은 기회라 여기는 인식이 팽배했어요. 정말 오랜만에 교수와 학생이 함께 모여 4·19 기념행사를 열기도 했습니다. 1975년 유신헌법 폐지를 외치며 할복자살한 김상진 열사 5주기를 맞아 5년 만의 장례식이 준비되고 있던 서울대에서는 4월 11일 '4월혁명 기념제'가 시작됐습니다. '의거'라는 어정쩡한 명칭을 버리고 '혁명'이라는 명칭을 되찾은 것이죠. 이 기념식에서 고병익 서울대 총장은 "오랜만에 4·19기념제가 대대적으로 열리게 돼 감회가 깊다"면서 4월혁명의 빛나는 정신을 이어가자고 말했습니다. 고려대 역시 6년 만에 4·18 고대 학생의거 기념식을 총학생회 주최로 열게 됐습니다. 고려대 김상협 총장은 기념사에서 이제 "누구의 눈치도 살피지 않고, 공개적으로 기념일 행사를 치르게 되어 기쁘다"면서 "4월혁명의 자유·민권·민주주의를 아직 달성하지 못해 미완성, 미완결의 혁명임이 틀림없으나, 그럴수록 우리는 4월혁명의 참뜻을 밝혀 영구·지속의 진정한 혁명으로 발전시킬 책무를 다하여야 할 것"이라고 강조했습니다. 4·19 당일에는 학생 1,000여명이 버스에 나눠 타고 4·19묘지 집단 참배를 다녀오기도 했지요. 당시 거의 모든 매체와 대학신문들이 4·19에 대한 글을 토해냈습니다.

그러나 4·19를 20년 만에 완수해보려던 '서울의 봄'은 유신체제가 키운 신군부의 권력 장악으로 실패로 돌아갔습니다. 1980년 5월 18일부터 벌어진 광주민중항쟁에서 신군부는 시민들을 무참히 학살했습니다. 박정희 정권이 매우 폭압적인 독재정권이었지만, 경찰의 발포가 시민들의 분노를 가져와 정권의 붕괴로까지 이어졌던 4·19의 전개과정을 나름 의식해서 시민 상대로는 발포하지 않았죠. 그러나 신군부는 그 선을 아무렇지 않게 넘어버렸습니다. 심지어 4·19 당시에도 개입하지 않았던 군대가 직접 시민을 도륙한 것입니다.

1980년대는 '광주의 시대'였습니다. 아무래도 1980년대를 젊은이로 산 사람들에게 4·19는 5·18만큼 절박하게 다가오지 않았어요. 4·19가 20년 전 이야기이기 때문만은 아니었습니다. 4·19는 정권교체라는 커다란 성과를 거두었지만 광주는 장엄하게 패배했기에 더욱 사무치게 남았던 것입니다. 4·19를 미완의 혁명으로 만든 가장 큰 책임은 박정희에게 있었지만, 박정희가 4월의 희생자들을 학살하진 않았습니다. 그러나 1980년대 집권자 전두환은 바로 그 학살자였습니다. 광주를 가슴으로 끌어안은 사람들은 학살자 전두환과 같은 하늘 아래 살 수 없었습니다. 4월혁명의 짜릿한 성취감이 슬픔과 분노를 어느정도 해소시켰다면, 5월 광주는 그런 경험을 하지 못했습니다.

그러나 4·19가 추구했던 가치의 대부분은 5월 광주항쟁이 추구했고, 그것을 이어받은 민주세력의 가치 속에 발전적으로 포섭됐습니다. 국민에게 총을 겨누는 자들이나 그들을 비호하는 세력을 용납할 수 없다는 열망은 민주국가를 세워야 한다는 목표로 구체화되었습니다. 광주에서는 대학생들보다 일반 민중의 희생이 더 컸다는 점에서 사회변혁의 민중주도성과 민중주체성이 더 분명하게 인식됐습니다. 또한 4월에서도 5월에서도 조직되지 않은 군중은 패배할 수밖에 없다는 처절한 경험을 겪으며 조직과 주체형성의 중요성이 부각되었습니다.

5월 광주의 경험은 한국사회에서 금기시되어온 현대사에 대한 폭발적인 관심을 불러왔습니다. 그리고 우리 역사에서 단 한번 짜릿한 승리의 경험인 4월혁명은 자연스레 현대사에서도 대중이 가장 많은 관심을 기울인 분야가 되었습니다. 1970년대에 단 한권도 없었던 4월혁명 관련 단행본이 1983년에만 4권이 출간되었죠. 4월혁명은 시대적 과제를 해결하고자 하는 1980년대 사람들에게 꼭 돌아봐야 할 기억의 창고였습니다. 통일문제가 제기될 때면 4월혁명 당시 민통련과 민자통의 통일운동을 살펴보았고, 반미 문제나 미국과의 평등 문제가 제기될 때면 한미경제협정 반대투쟁을 살펴보았습니다. 전교조를 만들 때도 사람들은 제2공화국 시절의 교원노조를 살펴보았습니다.

1987년 4월 19일은 전두환이 제5공화국 헌법에 따라 간선제로 차기 대통령선거를 치르겠다는 이른바 4·13호헌조치를 취한 직후였기 때문에 긴장감이 고조되던 시점이었습니다. 당시 국가보훈처장 김근수는 4·19의거 기념 조찬기도회에서 "4·19정신을 이어받아 새 역사 창조를 위해 참된 민주주의를 발전시켜 나가자"라고 했는데, 정작 그는 중앙정보부 공채 1기로 중앙정보부에서 주요 국장을 지낸 뒤 차장을 거쳐 국가보훈처장이 된 인물이었습니다. 웃지 못할 상황이었죠. 같은 날 4·19묘지에서는 참배객 3,000여명이 독재타도 등의 구호를 외치며 시위를 벌이다 358명(학생 289명)이 연행되기도 했습니다.

1987년 6월항쟁 당시 일반 시민들이 4월혁명을 계승한다는 의식을 얼마나 가지고 있었는지는 분명치 않습니다. 20~30대가 주류를 이룬 1987년 당시 시위대의 기억 속에 27년 전의 4월혁명이 뚜렷하게 자리 잡고 있거나, 그들이 직접적인 4월혁명 계승의식을 갖고 있었다고 말하기는 어려울 것입니다. 당시 대중의 지배적인 기억은 고문으로 사망한 박종철과 1980년 광주였습니다. 당시 대중이 타도하고자 했던 전두환 독재정권은 박종철을 죽인 살인정권이며, 광주에서 살육판을 벌인 학살정권이었습니다. 다만 직선제 개헌이 전면에 부각된 6월항쟁에서 대중의 민주주의에 대한 요구가 큰 틀에서 볼 때 4·19의 연장선상에서 제기되었다는 평가는 얼마든지 할 수 있을 것입니다. 4월(4·19), 5월(5·18), 6월(6월항쟁)은 분명 연속선상에 있고, 5월과 6월은 앞의 사건들이 못다 이룬 과제를 자기 것으로 삼아 실현하려고 노력했습니다.

그러나 1987년 이후 민주진영이 지역감정에 의해 분열되면서 4월에서 5월, 5월에서 6월로 이어지는 계승의식에 커다란 균열이 발생하기 시작했습니다. 3당합당 보수대연합이 실현되고, 이를 토대로 1993년 김영삼이 집권하자 상황은 묘하게 돌아가기 시작했습니다. 문민정부 시기는 5·18민주화운동 문제의 해결이 너무나 첨예하게 제기된 시기였습니다. 김영삼으로서는 광주의 복권과 정당한 자리매김을 피해갈 수 없었습니다. 그런데 아무래도 김영삼은 이를 김대중과 전라도를 높이는 것으로 여긴 것 같아요. 김영삼 정권은 우리 민주주의 역사에서 광주가 독보적인 의미를 갖게 되는 것을 경계하여 4·19를 높이기 시작했습니다. 특히 김영삼 자신과 밀접한 관련이 있는 마산에서 일어난 3·15의거를 높이 평가했습니다. 광주 5·18묘지가 국립묘지로 지정

될 때 4·19묘지와 3·15묘지도 같이 국립묘지로 승격됐습니다.

영남과 호남 간의 지역감정은 4·19의 기억에도 어두운 그림자를 드리웠습니다. 김주열 열사도 이를 피하지 못했습니다. 누가 뭐래도 김주열은 4·19의 상징입니다. 1960년대 마산상고 학생들은 전국 어디나 무전여행을 가면 김주열의 친구라고 대접을 잘 받았다고 해요. 그런데 김주열은 마산 출신이 아니라 전북 남원 출신이죠. 영호남 지역감정이 악화된 것이 마산에서 김주열의 위치를 묘하게 만들었습니다. 김주열과 마산상고 입학동기로 마산에서 활발하게 시민단체 운동과 평화운동을 하고 있는 김영만은 "마산에는 작은 돌멩이 하나라도 김주열을 기념하는 것이 없다"고 탄식했습니다. 3·15묘역을 성역화할 때 정부로부터 198억이라는 막대한 재정을 지원받았지만, 어느 누구도 김주열을 기념하자고 하지 않았다는 겁니다. 김주열에게 마산상고 졸업장을 받아주는 일이나 김주열의 흉상을 마산상고 내에 세우는 일도 김주열이 학교에 발도 들여놓은 적이 없는데 무슨 소리냐는 반응을 극복하느라 무척 힘이 들었다고 하네요.

마무리하면서 4월혁명의 의미와 우리의 과제를 말씀드려볼까 합니다. 4월혁명은 해방 이후 이식된 민주주의 제도가 작동한 지 10여년의 짧은 세월이 경과한 뒤에 일어났습니다. 치열한 민족해방 투쟁을 겪었지만 민주주의의 뜻과 실현을 위한 투쟁을 직접적으로 벌인 경험이 없던 우리는 4·19를 거치면서야 제퍼슨이 말한 자유의 댓가를 치르게 된 것입니다. 분단과 전쟁과 학살로 인한 폐허 속에서 채 7년도 지나지 않은 시점에 젊은 학생들이 정권을 바꾸고 세상을 바꾼 것은 정말 놀라운 일이었습니다.

4월혁명이 피로 연 민주의 공간에서 민족 자주와 통일, 자립경제라는 과제가 제시됐습니다. 이 과정에서 혁명을 두려워하는 자들이 결집했고, 이 틈을 타 박정희, 김종필 등은 5·16군사반란을 일으켰습니다. 군사정권은 표면상 민족주의를 내세웠고 5·16은 4·19의 연장이라고 주장했지만 둘 사이는 화해할 수 없는 모순이 놓여 있었죠. 그럼에도 4·19세대의 주역들은 군사정권의 논리를 답습하면서 독재체제에 참여하기도 했습니다. 그러나 4·19는 이들의 전유물이 아닙니다. 4·19는 4·19세대의 것이 아니라 4·19가 추구했던 가치를 실현하기 위해 계속 싸우고 있는 사람들의 것입니다. 3·1운동이 독립운동의 원천이었던 것처럼 4·19는 민주화운동의 뿌리입니다.

물론 4월혁명에는 상당한 한계 또한 있었습니다. 무엇보다 4월혁명의 학생과 혁신 세력은 부정선거 원흉 처벌, 부정축재자 처벌, 민간인 학살 진상규명 요구, 백범 암살 진상규명 요구 등과 같이 당대 민중의 진보적 투쟁욕구와 결합하지 못했습니다. 또 식민지 시기와 전쟁 과정에서 발생한 과거사를 정리하는 문제를 당시 학생층은 깊이 인식하지 못했고, 혁신세력은 이를 두려워했거나 무관심했습니다. 4월혁명 직후 한국전쟁 당시 민간인 학살에 대한 관심이 분출했지만 총선과 군사반란을 거치면서 해소되지 못한 채 남았습니다. 1960년 말부터 전열을 재정비한 학생과 혁신세력 역시 이 문제를 자기의 과제로 끌어안지 못했습니다.

4·19에 대해서 장준하 선생이 눈물 나는 이야기를 쓴 적이 있습니다. 1972년 박정희 유신체제가 시작되기 직전에 쓴 글인데, 4·19가 왜 실패했느냐는 질문에 답합니다. 그 질문의 답은 4·19 기념묘지에 가보면 찾을 수 있다는 것이죠. 거기에 안장된 희생자 180여명 중에 어른이 한명도 없다는 것입니다. 당시 학생들에게 민주주의가 어떻고 자유가 어떻고 떠든 어른 중에서 정작 목숨을 내놓은 이는 단 한명도 없었습니다. 장준하는 자기도 그런 어른들 중 하나라고 책임감을 많이 느꼈을 겁니다. 자신이 창간한 『사상계』가 4·19 무렵에 청년학생들이 제일 많이 읽은 지식교양 잡지였기 때문이죠. 말하자면 애들만 앞장서서 죽게 만든 혁명이 성공하겠느냐는 일갈인데, 과학적인 분석이라고 하기는 어렵지만 저는 참으로 맞는 말이라고 생각합니다. 책임 있는 시민들의 지속적인 관심이야말로 운동과 혁명의 성패를 가르는 중요한 요건입니다.

앞서도 말한 것처럼 4·19는 미완의 혁명입니다. 이룬 것도 많지만 기대가 큰 만큼 실망스러운 일도 많았습니다. 4·19 이후에도 한국 민주주의는 고통과 부침을 겪었습니다. 이제는 4월혁명의 기억도 희미해져갑니다. 하지만 무엇보다 중요한 것은 현재의 변화를 완성하는 일입니다. 몇년 전 우리 모두가 밝혔던 촛불이 진정한 촛불혁명이 될 수 있도록 우리가 힘냅시다. 안에서의 촛불과 밖에서의 한반도 변화가 결합하면 진짜 불가역적인 혁명이 될 수 있다고 저는 생각합니다. 우리가 1945년 해방과정에서 이루지 못했고, 1960년 4월혁명에서 이루지 못했고, 1979년 10월 부마항쟁, 1980년 5월 광주항쟁, 1987년 6월항쟁과 7~9월 노동자대투쟁에서 이루지 못했던 것을 이번 촛불에서는 이루길 바랍니다. 지난 60년간 4월혁명의 가치가 퇴색되지 않고 끊임없이 시대상황 속에서 재창출될 수 있었던 것은 우리의 민주화 역사가 4월혁명이 제시했던 과제를 포기하지 않고, 그 경로를 일탈하지 않고, 오히려 발전시켜나갔기 때문입니다. 이제는 미완의 혁명이라는 말을 쓸 필요가 없게 되길 바랍니다. 그것이 바로 세월호에서 희생된 학생들에게 우리가 할 수 있는 가장 중요한 일이지요.

저는 2016~17년 촛불이 타오를 수 있었던 건 세월호의 아픔이 있었기 때문이라고 생각합니다. 가슴 아프고 누군가 희생되는 일이 더이상 없었으면 좋겠는데, 꼭 그런 희생이 있어야 우리 사회의 변화가 찾아오곤 했습니다. 4월혁명은 김주열의 죽음을 헛되이 보내지 않았기 때문에 일어났습니다. 6월항쟁은 광주의 희생자들과 박종철, 이한열의 죽음을 헛되이 하지 않았기 때문에 가능했습니다. 우리의 촛불은 세월호의 죽음을 헛되이 하지 않았기 때문이라고 생각합니다.

그렇기에 촛불과 4월혁명은 연결되어 있습니다. 촛불이 우리에게 던진, 우리 스스로가 내건 과제를 완수하는 것이 긴 시간 한국 민주주의가 경험한 '미완의 혁명'을 완성하는 일입니다. 일제강점기와 6·25전쟁, 군사독재, 분단의 과거사를 제대로 청산하는 것도 그 과정에서 가능할 것입니다. 오늘의 문제를 해결하는 것이 역사를 바로 세우는 가장 좋은 방법입니다.

주요 기관 홈페이지

국립4·19민주묘지 419.mpva.go.kr

민주화운동기념사업회 www.kdemo.or.kr

4·19혁명기념도서관 library.419revolution.org

문헌자료

4월혁명사료총집발간위원회 엮음 『4월혁명 사료총집』(전8권),
민주화운동기념사업회 2010.

김정남 『4·19혁명』(민주화운동기념사업회 2015)

민주화운동기념사업회 기획, 서중석 지음 『한국현대사 60년』,
역사비평사 2007.

민주화운동기념사업회 연구소 『한국민주화운동사 1』, 돌베개 2008.

영상자료

MBC 특집 드라마 「누나의 3월」(2010)

4·19혁명 연표

1956년

5월 5일

신익희, 대통령선거 호남 지역
유세 이동 중 사망.

5월 15일

제3대 대통령선거에서 대통령에
자유당의 이승만, 부통령에 민주당의
장면 당선. 이승만과 조봉암이 맞붙은
대통령선거에서 부정선거 의혹 제기됨.

1959년

7월 31일

이른바 '진보당사건'으로 조봉암
사형 집행.

4월 20일

이승만 정권, 정부에
비판적이었던 『경향신문』을
허위보도 등의 이유로 폐간.

1960년

2월 3일

이승만 정권, "농번기를
피해서"라는 이유로 선거 일자를
3월 15일로 앞당긴다고 발표.

2월 15일

조병옥, 미국 육군병원에서
사망.

3월 3일

민주당, 자유당 부정선거 계획
언론 폭로.

3월 15일

제4대 대통령선거가 정부여당의
전방위적 부정행위를 통해
치러짐(3·15부정선거). 민주당,
선거 무효 선언. 개표 결과 대통령에
이승만, 부통령에 이기붕 당선.

9월 28일	5월 2일
장면 부통령 저격 미수 사건.	제4대 민의원선거에서 무더기표, 표바꿔치기, 부정 개표 등 온갖 부정행위가 자행됨.

6월 29일	11월 26일
자유당 전당대회, 이승만과 이기붕을 제4대 정·부통령 후보로 선출.	민주당, 정·부통령 후보로 조병옥과 장면 선출.

2월 28일	3월
대구에서 1,000여명의 고등학생들이 교육당국의 정치 개입에 반발하여 시위(대구 2·28민주운동).	대구 2·28민주운동 이후로 전국 각지에서 고등학생들이 공명선거를 촉구하는 시위를 벌임.

3월 15일 오후 3시 30분	3월 15일 오후 8시 10분
경남 마산에서 부정선거에 항의하는 시민과 학생, 야당 관계자들의 시위행렬 시작.	마산 시위가 시청 부근으로 확대되면서 경찰이 시위대에 발포. 강경 진압으로 김주열 등 9명 사망, 80여명 부상(마산3·15의거).

1956년

3월 15일 이후 광주, 전주, 진해, 서울, 부산 등 전국에서 학생, 시민, 야당 관계자들이 연달아 부정선거와 마산 사건 규탄 시위.	**3월 16일** 이승만 대통령, 마산 시위를 "철저히 배후관계를 규명하여 의법 처단하라"고 지시.
3월 19일 이기붕 부통령 당선자, "총은 쏘라고 준 것"이라고 발언.	**3월 23일** 마산 사건의 책임을 지고 최인규 내무부장관 사임. 후임으로 홍진기 임명.
4월 11일 오전 11시 20분 마산시 신포동 중앙부두에서 최루탄 파편에 맞아 사망한 김주열의 시신이 떠오름.	**4월 11일 오후 6시** 김주열 소식을 들은 마산시민 30,000여명이 시내 곳곳에서 정부 규탄 시위에 참여. 시청, 파출소과 자유당 관련 기간과 인사 자택 등이 공격당함.
4월 12일 오전 10시 마산공고 학생 500여명을 필두로 창신고, 마산여고, 마산고, 마산상고 등의 학생 각각 수백명이 시위행진. 곧 시민들이 합류해 수만명의 대열 형성.	**4월 12일 오후 3시** 시위대 도립병원 시체실 앞에 집결, 김주열의 주검을 향해 묵례하고 해산.

3월 17일	**3월 17일**
이강학 치안국장, "마산 소요사건은 공산당 수법에 이루어진 증거가 있다"고 발표.	미국 아이젠하워 대통령, 기자회견 통하여 폭력 사건에 유감 표명하고, 주미대사에게 외교각서 전달.
3월 25일	**3월 30일**
시위 관련 구속자 중 정남규 등 6명을 제외한 전원이 석방되고 박종표 경위 등 경찰관 5명을 발포혐의로 구속.	대검찰청 소진섭 차장검사, "마산사건에 공산당의 배후조종 증거는 없다"고 언명.
4월 11일 오후 9시 35분	**4월 12일**
경찰 진압 병력, 시위대에 발포. 시위대 2명이 희생됨.	정부, 초등학교를 제외한 전국의 각급 학교에 3일간 등교 중지령. 마산·창원 지역의 통금시간을 연장.
4월 12일 오후 7시	**4월 13일 오전**
경찰의 시위 주동자 색출에 격분한 시민들 경찰서에 투석하고 진입 시도.	해인대, 마산여고, 성지여고, 마산제일여고 등의 학생들이 시위를 이어갔으나 경찰의 난폭한 진압에 해산됨.

4월 13일 오후

김주열의 시신을 검안하여 무장폭도에게 발사하는 특수 최루탄에 의해 사망한 것으로 확인. 3월 15일 당시 경비주임 박종표가 발사한 최루탄으로 밝혀짐.

4월 13일 오후

이승만 대통령, "이 난동에는 뒤에 공산당이 있다는 혐의도 있어서 지금 조사 중인데, 난동은 결국 공산당에 좋은 기회를 줄 뿐"이라는 내용의 특별담화 발표.

4월 18일 2시 20분

고려대 학생 1,000여명이 국회의사당 앞에 집결해 시위를 벌이며 연행 학생 석방과 책임자의 부정선거 해명 등을 요구하는 선언문 발표.

4월 18일 6시 40분

연행 학생들이 석방되고 유진오 고려대 총장 등이 설득하자 학생 시위대 해산하고 귀교행진.

4월 19일 오전 8시 30분

서울 대광고 학생 시위행렬 경찰과 충돌.

4월 19일 오전 8시 50분

서울대 각 단과대 게시판에 시국을 규탄하는 격문 게시된 뒤 서울대 문리대 선언문 배포.

4월 18일 12시경

고려대 학생들 3,000여명,
교정에서 긴급 집회를 열고 시국
선언문 채택.

4월 18일 1시 20분

고려대 학생, 스크럼을 짜고
구호를 외치며 교정을 나와
태평로 국회의사당으로 행진.
경찰에 의해 90여명 연행됨.

4월 18일 7시 20분

귀교 행렬이 청계천4가
천일백화점 앞에 이르렀을 때
반공청년단원 폭력배 100여명이
흉기로 학생들을 구타.

4월 18일

같은 날 부산, 청주 등에서도
대규모 학생 시위. 국무회의 강경
진압 결의.

4월 19일 오전

서울대 학생 3,000여명 일제히 시위에 나서 경찰 저지선을 돌파하고
국회의사당으로 진격. 비슷한 시간 동성고 학생 1,000여명, 고려대
학생 4,000여명도 국회의사당으로 행진. 이어서 건국대 2,000여명,
동국대 2,000여명, 성균관대 3,000여명, 연세대 5,000여명,
홍익대 1,000여명, 중앙대 4,000여명 등도 시내와 중앙청, 경무대
등을 목표로 행진. 정오 무렵이 되었을 때는 동대문에서 신촌까지,
서울역에서 중앙청 앞까지 온통 시위대의 물결로 뒤덮임.

4월 19일 오후 1시경

서울시내 중고등학교에서 학생 귀가 조치를 했으나 많은 중고등학생들이 이미 시위에 합류함. 서울시내 시위군중은 10만명을 넘어섬. 시위 저지용 소방차를 탈취한 시위대, 경무대 언덕길에서 경찰과 대치.

4월 19일 오후 1시 40분

경찰, 경무대 정문 앞 저지선에서 시위대에 발포. 21명 사망, 172명 부상.

4월 19일 오후 4시

이기붕 자택에서 시위대에 실탄 사격을 가해 2명 사망.

4월 19일 오후 4시 30분

정부, 서울과 마찬가지로 유혈사태가 벌어진 부산, 대구, 광주, 대전에 경비계엄령 선포.

4월 19일 오후 5시 20분

을지로입구 내무부에서 시위대에 총격을 가해 7명 사망.

4월 19일 오후 6시 40분

동대문경찰서에서 시위대에 발포, 10여명 사상.

4월 20일 오전 1시

시위대와 시민 수천명이 고려대에서 계엄군에 포위된 상황에서 계엄군 사령관 조재미 준장이 장교 2명만 대동하고 학교로 진입해 희생자 앞에 조의를 표함. 시위대는 자진해 무기를 버리고 해산.

4월 19일 오후 2시 50분	**4월 19일 오후 3시**
중앙청 옆 경찰 무기고 앞길에서 시위대가 무기고를 향해 돌진하려 하자 경찰이 무차별 사격, 8명 사망.	정부, 서울 지역에 경비계엄령 선포. 육군참모총장 송요찬 중장을 계엄사령관에 임명. 시위대, 서울신문사와 반공회관 방화.

4월 19일 오후 5시

정부, 경비계엄령을 비상계엄령으로 바꾸고 통금시간을 연장하는 포고문 발표. 경찰, 병력을 경무대 앞에 집결시켜 소총, 기관총으로 무장한 뒤 시위대를 향해 일제사격. 부산에서는 경남공고 등 고교생들의 시위가 일어나 시민들이 합세, 시위 중 부산진경찰서와 동부산경찰서에서 경찰이 발포해 19명 사망.

4월 19일 오후 8시	**4월 19일 오후 9시 25분**
여러대의 차량에 나눠 탄 시위대가 파출소에 방화하고 소총 등을 탈취해 경찰과 총격전.	광주에서 전남대, 광주고 학생과 시민 수천명이 시위를 벌이다가 경찰의 발포로 8명 사망.

4월 20일 오후 5시	**4월 21일**
이승만 대통령, 시위대의 행동을 받아들이지 못한다는 취지의 대국민 담화.	송요찬 계엄사령관, "시위대는 폭도가 아니다" 언급.

4월 21일

송요찬 계엄사령관, 학생 대표 12명과 면담.

4월 23일

이기붕 부통령 당선자, "당선 사퇴를 고려하겠다"는 애매한 내용의 성명 발표. 이승만 대통령, 자유당 총재직 사퇴를 발표하고 4·19부상자 위문. 장면 부통령, 사태에 대한 유감 언급하며 부통령 사퇴 발표.

4월 25일 오후

서울에서 대학 교수 300명가량이 이승만의 대통령직 하야를 요구하는 시국선언문을 발표하고 시위행진. 교수 행렬에 뒤이어 시민과 학생 10,000여명이 시위 참여. 6시 50분경 국회의사당 앞에서 시국선언문 재차 낭독 후 해산.

4월 25일 저녁

시위대와 계엄군이 충돌하면서 최루탄 등이 발사되었으나 시위대가 물러서지 않았고, 일부 계엄군은 시위대 해산을 포기. 이기붕 자택으로 진입하려던 시위대에 총격이 가해져 희생자 발생. 반공청년단 임화수, 이정재의 자택이 시위대에 의해 파괴.

4월 26일 오전 9시

서울 세종로에 30,000여명의 시위 군중 집결. 시위대가 전차에 올라타기 시작하고 계엄군이 저지하지 않음.

4월 26일 오전 10시

세종로 시위대 10만여명으로 급증. 서울 수송국민학교 어린이 100여명, "부모형제에게 총부리를 대지 마라"라고 외치며 행진. 시위대, 이기붕 자택 습격하고 가구들을 끄집어내 방화.

4월 24일

격렬한 비판에 직면한 이기붕 부통령 당선자, 일체의 공직사퇴 선언하고 일가족이 경무대로 피신.

4월 25일 오전

서울 지역 비상계엄령이 경비계엄령으로 변경.

4월 25일 오후 9시

이승만 대통령, 외무부장관(수석 국무위원)에 허정, 내무부장관에 이호, 법무부장관에 권승렬 임명. 이어진 국무회의에서 26일 오전 5시에 기해 비상계엄 선포하기로 결정.

4월 26일 오전 1시

송요천 계엄사령관, 시위대에 발포하지 말 것을 계엄군에 지시.

4월 26일 오전 10시 20분

계엄군, 선무용 스피커로 이승만 대통령의 하야 발표.

4월 26일 오전 10시 30분

이승만 대통령, 하야 성명 발표.

4월 26일 오전 11시 15분

동대문경찰서 앞에서
"정치깡패를 내놓으라"라고
요구하는 시위대에 경찰이 발포해
20여명의 사상자 발생. 시위대,
동대문경찰서 난입 후 방화.

4월 26일 오후 2시 20분

대법원, 『경향신문』 복간 판결.

4월 27일 오후 2시

국회, 대통령 사임서 수리.
제1공화국이 막을 내림. 수석
국무위원인 허정 외무부장관이
대통령 권한 직무대행에 취임.

4월 28일

이승만, 경무대를 떠나 이화장으로
전거. 이기붕 일가 자살.

7월 29일

새 헌법에 따른 총선거 실시.

8월 12일

국회에서 윤보선을 대통령으로 선출.

9월 12일

장면 내각, 제1차 개각 단행.

10월 11일

4월혁명부상자동지회, 민의원 단상
점령하며 혁명입법 처리와 책임자
처벌 요구.

4월 26일 오후 4시

국회 본회의에서 격론 끝에
이승만 대통령의 즉시 하야
등 4개항의 시국 수습 결의안
만장일치로 가결.

4월 27일 오후 12시

이승만 대통령, 공식 사임서 발표.

5월 29일

이승만, 하와이 망명.

6월 15일

내각 책임제 개헌안 국회 통과.

8월 19일

국회에서 장면을 국무총리로
선출.

8월 23일

장면 내각 출범.

1961년

5월 16일

박정희 소장을 필두로 한
군부세력이 일으킨 군사반란에
의해서 정부 전복(5·16군사반란).

민주주의 역사 공부 1
4·19혁명

초판 1쇄 발행 / 2020년 7월 3일

지은이 / 한홍구
펴낸이 / 강일우
책임편집 / 이지영 박주용
디자인 / 로컬앤드
조판 / 신혜원
펴낸곳 / (주)창비
등록 / 1986년 8월 5일 제85호
주소 / 10881 경기도 파주시 회동길 184
전화 / 031-955-3333
팩시밀리 / 영업 031-955-3399 편집 031-955-3400
홈페이지 / www.changbi.com
전자우편 / nonfic@changbi.com